DÉFAITE OUVRIÈRE
ET
EXCLUSION

Danielle BLEITRACH
Mustapha EL MIRI

DÉFAITE OUVRIÈRE ET EXCLUSION

L'Harmattan
5-7, rue de l'École Polytechnique
75005 Paris - FRANCE

L'Harmattan Inc.
55, rue Saint-Jacques
Montréal (Qc) - CANADA H2Y 1K9

© *L'Harmattan, 2000*
ISBN : 2-7384-9287-8

SOMMAIRE

Chapitre I : Le contexte de l'exclusion : la
prolétarisation ... 9
   La prolétarisation ... 11
   La financiarisation ... 15
   La polarisation ... 22

Chapitre II : Le contexte de l'exclusion, le RMI
et le remodelage de la société française ... 27
   L'exclusion et l'instauration du RMI ... 29
   Le RMI, exclusion et insertion ... 30
   Le RMI et les mutations sociales ... 33
   Un revenu minimum inconditionnel ? ... 39
   Fin du salariat ? ... 41

Chapitre III : Générations et mobilités sociales ... 47
   Ni héritiers, ni handicapés ... 50
   Une population peu diplômée ... 52
   Une population bloquée dans sa mobilité ... 54

Chapitre IV : L'emploi et la désaffiliation ... 59
   Des chômeurs masqués par le statut de Rmiste ... 61
   Scolarité, diplôme et bénéficiaire du RMI ... 64
   Emploi, les générations de la transition ... 69

Chapitre V : La ville : un lieu de captivité ... 79
   Le logement ... 81
   Mobilité résidentielle ... 84
   Santé et mobilité résidentielle ... 88

Chapitre VI : La localisation du dispositif RMI et les associations — 93
  La proximité, démocratisation ou privatisation de l'action sociale — 98
  Le parapublic : des sociétés à économie mixte dans le social — 103
  L'appareil technico-militant ou l'invention d'une économie sociale — 107

Chapitre VII : La question du logement — 115
  L'exemple marseillais — 117
  La réhabilitation du centre-ville — 117
  Le marché des taudis — 120
  Le marché du travail — 122
  L'évolution du marché du logement des pauvres — 126
  Contenu réel du droit au logement — 126
  L'illégalité : une nécessité — 128
  L'évolution des politiques publiques par rapport au marché du logement — 129

Chapitre VIII : Lutte pour l'emploi et enfermement dans un territoire — 135
  L'implantation d'une zone d'emploi dans les quartiers Nord — 137
  La rumeur — 141
  La lutte pour l'emploi — 144
  La discrimination positive locale — 146
  Une victoire récupérée — 150

Chapitre IX : Crise systémique et territoire — 159
  La crise systémique, une totalité autorégulée — 161
  La contradiction entre l'actionnaire-créancier et l'entrepreneur — 163
  La contradiction : forces productives / rapports de production — 167
  Territorialisation — 170
  Le centre et la périphérie — 170
  Les formes politiques et les classes sociales — 176

Chapitre X : Classes sociales **185**
   Exclusion 187
   Exclusion et marché du travail 190
   Evolution des rapports de classes 194
   L'État-Nation 206

Conclusion **215**

Chapitre I

Le contexte de l'exclusion : la prolétarisation

La prolétarisation

De par le monde, un nombre grandissant de gens sont réduits à la condition de prolétaire. Travailleurs manuels, leur survie dépend de la vente de leur force de travail. Au moment même où certains idéologues nous annoncent la fin du salariat, celui-ci ne cesse de s'étendre sur la planète. Mieux encore le capitalisme rejoue le péché théologal de l'accumulation primitive dans les anciens pays socialistes, en Russie en particulier. Et cette accumulation n'est pas, comme on l'a prétendu, le fruit de l'épargne et du mérite, elle résulte de l'asservissement, de la rapine, des mafias, en bref du règne de la force brutale. Comment des populations entières peuvent-elles renoncer à leur propriété sur le produit de leur travail, sinon par une violence extrême ? Certes, comme le dit Marx : « *Si longue que soit la filière de reproductions périodiques et d'accumulations antérieures par laquelle le capital actuellement en fonction ait passé, il conserve toujours sa virginité primitive* ». Un des effets de la mondialisation est de nous confronter simultanément à tous les âges du capital. Par ailleurs, la violence de l'accumulation primitive nous oblige à nous interroger sur notre propre devenir dans sa phase la plus avancée. Ce n'est pas un hasard si le mouvement des *Sans terre* au Brésil a une telle force fédérative et si toute la France soutient la confédération paysanne attaquant les Mac Do.

En quoi ces histoires archaïques de la dépossession de la terre nous concernent-elles ? En fait chacun sent bien que le capitalisme est entré dans une dynamique d'accumulation sans frein et peut-être le souvenir perdu de cette violence primitive hante-t-il notre inconscient ? Car ce qui se joue aujourd'hui, y compris dans les pays riches, est la profonde dégradation de la condition salariale, une menace de prolétarisation massive.

En France, on a assisté depuis plus d'un siècle à l'intégration ouvrière dans l'ensemble du salariat. Aujourd'hui, nous sommes confrontés à un recul des conditions de vie des travailleurs les plus défavorisés. Cette menace va plus loin encore : chaque salarié se sent pris, lui et ses enfants, dans un mouvement de précarité-flexibilité[1]. Après une longue période de conquête, il y aurait à nouveau paupérisation relative. Pour observer cette évolution, notre enquête sur les différentes générations des allocataires du RMI a fait ressortir les étapes de cette régression, dans un continuum de situations de bas salaires et de précarité qui s'étend bien au-delà des seuls bénéficiaires du RMI. Si la prolétarisation renvoie à des rapports de production, d'exploitation, la pauvreté et la paupérisation décrivent la portion congrue du prolétariat dans la consommation, la distribution des richesses. Il faut une nouvelle phase de drame et de misère pour transformer l'ensemble du marché du travail.

Cette situation est le produit d'une défaite ouvrière. Pour en mesurer l'ampleur, il faut sortir du *flou* des exposés sur l'exclusion. Il faut énoncer des dates et des faits. Il faut partir des conditions réelles de l'achat et de la vente d'une force de travail dont on peut alors déplorer hypocritement l'incapacité à s'adapter aux mutations scientifiques et techniques de la *révolution informationnelle* sans jamais montrer en quoi cette *rigidité* n'est pas simplement technique mais fait partie de l'exploitation, dans l'entreprise comme dans l'ensemble de la société.

Comme le notait Louis Althusser :

« L'immense majorité des ouvriers sont des ouvriers à vie. L'inverse est encore plus vrai : jamais un ingénieur ni un cadre supérieur ne "tombe" dans la condition ouvrière, sauf (limite rarissime et encore !) dans les cas de crise économique

---

[1] Ainsi le travail par intérim s'envole. En deux ans, en France, de 1996 à 1998, le taux de recours à l'intérim, c'est-à-dire le rapport du nombre de postes occupés par des intérimaires au nombre total de postes dans l'entreprise, s'est accru de plus d'un point, passant de 1,76 % à 2,94 %, selon la Direction des études du Ministère de l'Emploi (Dares). En 1998, le volume de travail s'est établi à 454 000 emplois en équivalent temps plein contre 359 000 en 1997. L'industrie reste de loin le premier utilisateur avec 55,3 % du volume en 1998 devant le secteur tertiaire qui progresse de 26,7 % en 1997 à 27,2 % en 1998. A un niveau plus détaillé, dans l'industrie automobile le taux de recours à l'intérim augmente de plus de trois points entre 1997 et 1998, passant de 5,45 % à 8,65 %. Autre fait marquant en 1998, le volume de travail par intérim sur fonction cadre a augmenté de 67 %. De même la progression est très élevée chez les employés (+ 43 %), même si la progression est d'autant plus forte que le niveau de base était faible, et il est évident que les entreprises de travail temporaire tendent à élargir leur domaine d'activité.

catastrophiques. Une ligne de démarcation de classe impitoyable sépare bel et bien deux catégories d'hommes : la division "technique" du travail est tout simplement le masque du "parcage" des uns dans la condition ouvrière, et la possibilité pour les autres soit de hauts postes immédiatement attribués, soit de "carrières" assez ou (très) largement ouvertes »[2].

Cette ligne de démarcation en recouvre une autre qui justifie la première : la différence de contenus dans les savoirs et savoir-faire entre l'état-major de la direction avec ses auxiliaires et le parcage des autres, manœuvres, ouvriers spécialisés et professionnels, démarcation sur laquelle sont fondés les rapports hiérarchiques d'autorité. S'il y a toujours eu négation des savoirs et des savoir-faire ouvriers pourtant utilisés dans le procès de travail, aujourd'hui la démarcation de la prolétarisation va encore plus loin jusqu'à la confusion avec l'inadaptation.

La mutilation de la condition ouvrière va jusqu'au bout d'une logique de classe malgré toutes les luttes que ce monde ouvrier a pu mener. Deux termes, celui de *fin de droit* par lequel en 83 ont été désignés ceux à qui on refusait l'indemnité du chômage et celui d'*exclus*, nous signalent l'ampleur du désastre de la condition ouvrière. Il ne s'agit pas seulement de métiers, de savoirs et de savoir-faire jetés au rebut mais bien d'une défaite totale, y compris politique. Car une des spécificités de la condition prolétarienne est justement que la seule base de son entente ne peut être que clairement politique. Nulle classe n'est plus soumise, anéantie par la concurrence que celle-ci. Toutes les tentatives prolétariennes pour mettre en place des institutions *communautaires* en marge du système capitaliste sont vouées à l'échec, ils doivent en passer par le politique, la question du pouvoir d'État. Leurs intérêts sont si *opposés* du fait de la division du travail qu'il n'est entre eux de possible qu'un accord politique visant à changer l'ensemble de l'ordre actuel. C'est en cela que Marx a vu en eux la classe révolutionnaire par excellence et pas seulement parce qu'ils ne possédaient rien. Le

---

[2] Althusser Louis, *De la reproduction*, Actuel Marx, PUF, Paris, 1997.

fait de ne rien posséder n'étant que la base de cette mise en concurrence.

La défaite débute pourtant en 1981 par une victoire, celle de la gauche, une victoire des dupes. De 1981 à 1983, fut menée effectivement une politique salariale qui paria sur la relance de la consommation. Elle se traduisit par une hausse des bas revenus. Le SMIC fut valorisé neuf fois de 1981 à 1983[3]. En revanche la durée hebdomadaire du travail ne fut réduite que de quarante à trente-neuf heures. D'autres mesures en faveur des retraites et du logement furent prises. Les effets sur la croissance furent modérés (2,2 %) et le chômage simplement stabilisé sur *une crête de deux millions*, en revanche le déficit budgétaire se creusa. L'environnement international, les entreprises françaises éprouvant des difficultés à se moderniser au niveau exigé par le développement de nouvelles technologies, mais surtout le déclenchement d'une formidable vague spéculative contre le franc sonnèrent le glas de l'expérience.

Ces effets pour une part conjoncturels devinrent le syndrome, sans cesse rappelé, de la défaite de toute alternative de *gauche* (essentiellement keynésienne). Le nouvel aménagement monétaire de mars 1983 marque le tournant de la *rigueur*[4]. Le choix de la *rigueur* est défendu alors non seulement par des libéraux mais également par des chrétiens sociaux comme Jacques Delors. Le Président de la République de l'époque, François Mitterrand, adoptera ce choix de la rigueur, car il est celui de la construction européenne dans le contexte de l'intransigeance thatchérienne soutenu par le rigorisme monétariste de la Bundesbank. Les

---

[3] Selon l'INSEE, cette mesure pourtant limitée et qui jusqu'à l'application de la loi des 35 heures demeure inchangée a néanmoins créé 145 000 emplois. Avec la question du temps de travail nous sommes au cœur de l'exploitation et donc du conflit capital-travail.

[4] Même s'il n'est pas dans notre propos d'entrer dans de tels détails, il faut encore souligner qu'à cette époque, certains sont partisans de mener une dévaluation compétitive qui passerait par la sortie du SME, en arguant du fait qu'une dévaluation compétitive produirait les mêmes effets de restrictions des importations qu'une politique d'austérité monétaire. Cette opposition va d'ailleurs se poursuivre y compris au moment de l'adoption de Maastricht. Derrière l'alternative entre la rigueur et le protectionnisme temporaire, c'est tout le problème de la construction européenne qui est posé. Ce n'est donc pas par pur conservatisme que ce sont les zones ouvrières frappées par les restructurations, les politiques de rigueur qui se prononcent contre Maastricht.

résultats sont spectaculaires. Le déficit budgétaire est ramené au-dessous des 3 % du PIB. Le commerce se redresse et la désinflation joue à plein. Les progressions de salaires (privés et publics) restent au-dessous de l'inflation et de la productivité. La part des salaires dans la valeur ajoutée diminue au rythme de 1 % par an avec des fluctuations négatives plus marquées dans l'industrie que partout ailleurs. A partir de 1983, la progression de la masse salariale au-dessus des gains de productivité diminue jusqu'en 1987 où la tendance s'inverse sous l'effet d'une politique continue de pression salariale qui s'accentue encore à partir de 1993.

Cette défaite politique, que l'on peut analyser comme ici d'une manière événementielle, n'a pu avoir lieu qu'en référence à la crise systémique de notre société. La crise systémique est le produit de la relation contradictoire entre un développement scientifique et technologique (au point que certains ont pu employer le concept de révolution *informationnelle*) et les rapports de production existants sous leur double forme, financiarisation et polarisation. Il s'agit donc d'une crise structurelle de l'accumulation capitaliste mais elle est aussi crise des modes de régulation essentiellement politiques. Pour en mesurer l'ampleur, cette fois l'analyse doit mettre en évidence les relations entre évolution de la condition prolétarienne, sur un temps plus long, entre la prolétarisation et la paupérisation relative et deux caractéristiques essentielles de cette crise : financiarisation et polarisation ou creusement des inégalités.

La financiarisation

Analyser la financiarisation comme une dimension caractéristique de la phase d'accumulation du capital dans cette crise systémique soulève deux problèmes essentiels. Le premier est de savoir s'il y a bien effectivement financiarisation de l'économie. Le second concerne les effets de la financiarisation et ses incidences sur les modifications du rapport capital travail de l'exploitation. La financiarisation se développe au croisement de deux processus principaux : premièrement la conversion dans le centre d'une économie dominée par l'importance croissante des services dans la vie économique, deuxièmement la mondialisation de l'activité économique. Ces deux processus étant mus, rendus possibles, et mis en œuvre, par les nouvelles technologies informationnelles.

Cette phase d'accumulation financière correspond à une modification profonde des nouvelles technologies informationnelles et de l'organisation des activités économiques. Explique-t-elle la pauvreté de masse définie par la prolétarisation d'une part grandissante du salariat ? Tout est fait, nous semble-t-il, pour que la révolution informationnelle soit liée au rejet d'une masse de travailleurs. Et c'est une démonstration récurrente que non seulement l'homme est remplacé par la machine, mais aussi que les emplois créés sont hautement qualifiés[5], du moins dans les pays riches, dans le centre car dans le reste du monde la prolétarisation se poursuit en même temps que la délocalisation. Il faut considérer, en prenant en compte l'existence d'un rapport de dépendance et de domination centre-périphérie, qu'il ne s'agit donc pas d'une fatalité liée à l'évolution des sciences et des techniques, mais d'un réaménagement des secteurs d'activités en fonction de leur mise en valeur, du profit que l'on peut en escompter en pesant sur le marché du travail. Une fois de plus

---

[5] Si la part des emplois non qualifiés (confondus par les statistiques avec les non diplômés) a diminué de 1982 à 1993 dans le secteur marchand non agricole (passant de 25 % à 16 %), elle a cessé de diminuer depuis 1993. Cette décrue correspondait à une transformation du secteur productif, qui a vu les firmes multinationales déplacer certaines productions industrielles vers les pays dont la main-d'œuvre était très bon marché. La diminution absolue de l'emploi non qualifié dans les pays riches a coïncidé dans ces pays avec une augmentation du même ordre des emplois très qualifiés (professions intermédiaires et encadrement). En revanche, le nombre d'emplois d'ouvriers et employés qualifiés qui représentent près de la moitié de l'effectif total salarié n'a diminué que de 5 % entre 1982 et 1992. A partir de 1993, les très qualifiés ne sont pas épargnés et leur nombre diminue entre 1992 et 1994 de près de 12 %, même tendance encore aggravée pour les ouvriers et les employés qualifiés. Les non qualifiés en revanche perdent moins de terrain et à partir de 1994 jusqu'en 1996, ils progressent. Tous les commentateurs s'accordent pour lier cette progression aux allégements des charges sociales et à la flexibilité du marché du travail des non qualifiés, en particulier le recours à l'intérim et aux emplois à durée déterminée. Après avoir obtenu une diminution du coût réel moyen de cette catégorie, puisque la rémunération de cette nouvelle catégorie d'embauchés est à partir de 1993 inférieure de 10 % à celle des non qualifiés embauchés antérieurement. D'où notre hypothèse centrale sur le rôle de l'exclusion dans la recomposition du marché du travail.

quand est avancé l'argument de la division technique du travail il y a sous-jacent un rapport d'exploitation. D'où l'urgence de comprendre le type d'accumulation capitaliste à laquelle correspond la *révolution informationnelle*.

Comment analyser ce phénomène central de la financiarisation dans la mesure où le rapport entre la sphère financière et la sphère réelle de la production et même des prix est non élucidé ? Le véritable indicateur de financiarisation demeure le rapport entre le taux de croissance des actifs financiers et le stock de capital physique (fixe). On peut par exemple considérer qu'il y a un processus de financiarisation puisque le montant des actifs financiers des investisseurs institutionnels (fonds de pension, compagnies d'assurance, fonds d'investissement...) dépasse aujourd'hui le produit intérieur brut annuel de l'Amérique du Nord (et donc aussi celui de l'Union Européenne[6]).

Malgré la difficulté que nous éprouvons à saisir ce que représente la financiarisation tant les mécanismes en sont complexes et multiples, on peut en constater quelques effets susceptibles de nous mettre sur la piste de corrélations (nous sommes loin de définir des causalités) entre forme d'accumulation basée sur la financiarisation et formes d'exploitation dans le rapport capital-travail. Il s'agit de souligner le parallélisme dans le temps et dans l'espace de faits caractéristiques que sont l'enrichissement des riches, la financiarisation des patrimoines, le rôle que joue cette financiarisation dans l'enrichissement. Il faut également noter l'exigence, pour faire progresser les rendements, d'anticiper sur des gains de productivité. Ce qui passe par une pression sur l'emploi, les salaires et les fonds propres de l'entreprise. L'entreprise est soumise de plus en plus à une dépendance bancaire.

---

[6] *Autre constat déjà moins précis* : les transactions quotidiennes moyennes sur le marché des changes (étant bien entendu que le marché des changes, bien qu'imbriqué dans le marché financier, ne peut pas être identifié à lui) sont à l'heure actuelle supérieures au produit intérieur brut annuel de l'Allemagne. Les transactions quotidiennes sont de mille cinq cent milliards de dollars par jour et le BIP de l'Allemagne dépasse 1400 milliards de dollars environ (il est largement supérieur à celui de la France).

Les très riches s'enrichissent. Récemment une grande banque d'investissement des États-Unis, Merrill Lynch[7], ainsi que le cabinet Gemini Consulting ont réalisé une enquête sur les premières fortunes privées du monde, leur échantillon étant de six millions de personnes. Leur conclusion est que la fortune de ces bienheureux de la terre a progressé de 12 %, soit beaucoup plus que la croissance du PIB des pays développés. Elle s'élève à plus de 21 000 milliards de dollars (fortune moyenne : 22 millions de francs). Leur richesse devrait selon toutes les prévisions augmenter de moitié d'ici à 2003. La reprise des marchés boursiers américains et européens a dopé leur portefeuille. En 1998, ces fortunes avaient échappé à la crise asiatique en diversifiant leurs placements financiers. 58 % des détenteurs de ces fortunes sont Américains ou Européens. Ils placent leurs liquidités en actions et malgré le processus d'internationalisation ils tendent à les rapatrier[8].

Face au retour en force d'une pauvreté de masse au plan international, comme dans les pays riches, la croissance financière et l'obsession de la réduction des coûts salariaux tendent à renforcer le chômage massif et durable par la pression des charges financières sur l'emploi. Comme la finance exige son dû, elle fixe un taux de rendement qui lui correspond, car exiger des taux de rendement très élevés – 15 % à 20 % – revient à traiter l'actionnaire comme un véritable Shylock, d'une entreprise hasardeuse, à haut risque contraignant l'entreprise à acheter ses propres actions. Le sang cette fois entre dans la livre de chair... En Occident cela se traduit par des licenciements massifs, une

---

[7] La même banque d'investissement a publié le 6 juillet 1999 un rapport destiné aux investisseurs, ses clients, dans lequel est faite une analyse détaillée du projet de loi sur les trente-cinq heures de Martine Aubry : « *d'un point de vue du marché, il est difficile de voir cette réforme autrement que sous un jour négatif, en dépit de ses mérites potentiels en termes de real politic* ». La loi est accusée d'augmenter les coûts salariaux (d'environ 10 % par an pendant les deux premières années d'application) en réduisant les possibilités de flexibilité de la loi Robien, en étant plus sévère sur le paiement des heures supplémentaires. Résultat, la Banque déclare une guerre spéculative au gouvernement français en recommandant aux investisseurs étrangers, « *dans le contexte d'un transfert ou d'un choix entre la France et d'autres marchés* », d'opter contre l'investissement en France. Cité par *Les Échos* du 8 juillet 1999.
[8] Cité par le *Figaro économie* du samedi 26 et dimanche 27 juin 1999.

pression sur l'emploi et sur les salaires. Dans certains pays, c'est directement l'espérance de vie qui décroît.

Il ne suffit pas d'analyser la pression de la financiarisation sur l'emploi, il faut également noter la manière dont cette financiarisation développe des contradictions entre l'intérêt des salariés détenteurs de patrimoines et celui des salariés qui n'ont que leur *force de travail*. Quant aux contradictions entre salariés et actionnaires, la financiarisation de l'économie peut aboutir à d'étranges paradoxes comme dans le cas d'Elf Aquitaine où les salariés actionnaires sont licenciés au nom de la rentabilité des actions. Il est évident que ce qui distingue alors les salariés-actionnaires entre eux est leur participation aux sphères dirigeantes du capital. Il y a plus d'un intervalle entre le salarié-actionnaire basique et le dirigeant d'Elf Aquitaine qui repart avec le pactole de ses stock-options[9].

De toute manière, il vaut mieux miser sur les profits que sur les salaires : posséder un patrimoine apparaît aujourd'hui en France comme la meilleure manière de doper ses revenus. Entre 1969 et 1998, alors que le revenu disponible des ménages augmente de 2,5 %, leur patrimoine croît nettement plus vite (3,2 %). Jusqu'en 1983, le revenu global des ménages a crû plus vite que le patrimoine. A partir de cette date dont nous avons vu qu'elle correspondait à un choix politique qui n'avait rien de *fatal*, les tendances s'inversent, grâce à la désinflation et au recours au crédit dans l'achat de biens immobiliers, alors même que les Français épargnent moins. A partir de 1990, les Français qui possèdent un patrimoine commencent à engranger de confortables plus-values grâce à une nouvelle phase de désinflation et à la bonne tenue des marchés boursiers. Mais tout cela n'est possible que grâce à la transformation structurelle des

---

[9] Le cabinet de conseil en stratégie de ressources humaines Hewit indique à la suite d'une enquête (octobre 1999) que si en France il y a quelques années, les stock-options étaient réservées aux principaux dirigeants, on assisterait à une *démocratisation* : ainsi 40 % des entreprises cotées au CAC ont distribué des stock-options à plus d'un millier de leurs cadres. La valeur des options attribuées s'élève à 200 % ou 250 % du salaire annuel de base pour les membres du comité de direction, 150 % pour les quelque 100 premiers dirigeants, 80 % à 100 % pour les 500 premiers cadres et 40 % à 50 % pour les autres cadres.

patrimoines : le financier prend de plus en plus d'importance et là encore 1983 apparaît comme une date charnière. Entre 1969 et 1976, la croissance du patrimoine global des ménages demeure pour 9/10e une croissance basée sur le non financier, le placement favori est la pierre. Entre 1976 et 1983, la moitié de la croissance reste de ce type. C'est après 1983 qu'intervient un changement brutal et au cours des quinze dernières années. En effet, le patrimoine financier (flux de placement et plus-values boursières) assure plus de 90 % de la croissance du patrimoine global. La vague des privatisations menée par les gouvernements successifs, qu'ils soient de droite ou de gauche, joue un rôle non négligeable dans cette financiarisation croissante des patrimoines. Étant bien entendu que le stock patrimonial des ménages français demeure non financier et que ce sont les flux d'acquisition qui ne cessent de développer les aspects financiers[10].

On ne peut manquer d'être frappé par le parallélisme entre cette croissance financière des patrimoines qui est aujourd'hui la meilleure garantie de revenus et le développement parallèle de la précarité de l'emploi. A peu près aux mêmes périodes on peut constater que si le stock des emplois reste essentiellement de type stable, avec les contrats à durée indéterminée, se multiplient dans les flux les emplois précaires, les contrats à durée déterminée, les stages...

Les effets de la financiarisation ne semblent pas s'exercer directement sur l'emploi et sur la prolétarisation, pas plus qu'ils n'influent sur la structure des patrimoines des ménages français. 1983 apparaît comme une date charnière qui correspond à des choix politiques importants. La politique du franc fort, justifiée par la pratique de rendement usuraire des taux, la mise en place de l'allocation chômage unique dégressive, qui a exclu du régime de protection salariale les chômeurs de longue durée. Pour eux sera créé ultérieurement (en décembre 1988) le RMI. On pourrait en tirer la conclusion qu'il n'y a pas *loi du marché*, *horreur économique*, mais des politiques qui mettent en œuvre

---

[10] Cf. André Barbeau et Antoine Bonnefoux, *Trente ans de croissance du patrimoine des Français, 1969-1998*. CREP, Centre de Recherche sur l'épargne. Rapport 1999.

des choix de classe. Que celles-ci aient été imposées par des menaces spéculatives à un gouvernement de gauche, par l'isolement européen dudit gouvernement, témoigne bien de la violence que peut exercer le rapport de classe et comment, au-delà des péripéties électorales, l'État en donne la traduction.

A travers cette analyse sur les effets de la financiarisation, sur l'emploi d'abord, mais aussi sur l'opposition entre les salariés détenteurs d'un patrimoine financier et ceux qui ne possèdent que leur force de travail, nous voyons se dessiner de nouvelles configurations de classe. Des polarisations à l'intérieur du salariat apparaissent, non d'une simple composition technique qui opposerait travailleurs qualifiés et travailleurs non qualifiés, mais de la participation sociale de ces travailleurs à la redistribution spéculative des profits dans la financiarisation de l'économie, autrement dit de leur participation à l'exploitation.

Les disparités sont flagrantes au sein même des cadres : tandis que 45 % d'entre eux ont connu une augmentation de pouvoir d'achat (de 0 % à 4 %), 23 % ont connu une perte de leur pouvoir d'achat.

Ce sont les cadres situés dans la tranche de revenus entre 28 000 et 42 000 francs bruts mensuels qui ont connu la plus forte progression de salaire. Et la meilleure manière de voir augmenter son salaire est de bénéficier non d'une promotion collective mais d'une promotion individuelle[11].

Ainsi les fonctions hiérarchiques chez les cadres connaissent une évolution de leur rétribution meilleure que les fonctions techniques.

La base technique de la polarisation existe mais elle n'est jamais indépendante des rapports hiérarchiques de la plus ou moins grande proximité avec l'appropriation du profit. Cette situation

---

[11] Il s'agit des résultats d'une enquête effectuée auprès de 1800 cadres par l'UCC-CFDT (Union confédérale des cadres CFDT) ; celle-ci fait autorité, même si elle n'a pas la valeur scientifique des enquêtes de l'INSEE et des autres organismes officiels. Elle prend en compte l'évolution des revenus depuis plus de dix ans puisque ce sont les mêmes cadres qui sont interrogés.

explique, à Marseille, qu'avec l'effondrement du domaine portuaire et de l'industrie se renforce le monopole officiel de certains savoirs sur d'autres, l'interdit même de l'accès au savoir. La plupart des savoirs ouvriers que les prolétaires avaient commencé à faire reconnaître dans la période précédente sont dévalorisés massivement. C'est ainsi que nous avons rencontré dans notre échantillon de Rmistes des soudeurs, c'est-à-dire des métiers hautement qualifiés. Mais ce monopole officiel de certains savoirs à l'exclusion d'autres se traduit comme nous le verrons par de véritables destins. L'hypothèse que l'on peut défendre est que « *la démarcation* » (dans l'entreprise mais aussi *à l'extérieur* dans l'ensemble de la vie sociale) que le capitalisme institue sous prétexte de division « *technique* » du travail est devenue, dans le contexte d'une aggravation de la condition prolétarienne, une véritable barrière à l'évolution des formations, à l'intégration des savoirs et savoir-faire ouvriers dans la transformation des activités économiques imposée par *la révolution informationnelle*. L'absence de qualification reconnue sur le marché du travail, quoique rigide, n'est ni un handicap individuel, ni une simple inadaptation technique : elle résulte des rapports hiérarchiques d'autorité qui naissent, peu ou prou, du profit (c'est-à-dire de l'usage de la propriété capitaliste et non simplement de sa forme juridique).

La polarisation

Le deuxième élément caractéristique de cette crise systémique est *la polarisation*, le creusement des inégalités qui favorise le blocage de la condition prolétarienne, l'impossibilité d'accéder à des formations, des qualifications issues de *la révolution informationnelle*.

Comme nous venons de le voir les très riches s'enrichissent. Le phénomène de pauvreté est lui plus difficile à saisir. Le creusement des inégalités demeure partiellement masqué au niveau des statistiques officielles. S'il est mis en évidence, c'est pour montrer qu'il peut se combiner avec une montée générale du niveau de vie, bien que plus lente (d'où creusement) que celle des très riches. Seule une minorité de pauvres dont le pourcentage irait d'ailleurs décroissant (même si le nombre ne cesse d'augmenter) ne bénéficierait pas de cette nouvelle phase d'accumulation, d'où le thème de l'exclusion sur lequel nous reviendrons pour en montrer le caractère idéologique.

Cette polarisation, quand elle est décrite, l'est essentiellement en termes d'inégalités entre pays. Selon les statistiques du PNUD, la part des 20 % les plus riches de la population dans le revenu mondial s'approche de plus en plus des 90 % ; celle des 20 % les plus pauvres est sur le point de passer sous les 1 %. Ce constat appelle plusieurs remarques. La première est que noter la polarisation entre pays occulte encore largement les mécanismes de classe réels. On sait bien en effet que d'immenses fortunes se développent au sein des pays pauvres ou dits en émergence comme au Mexique.

De même l'observation du creusement des inégalités dans les pays riches peut être totalement minorée. Au sein des populations, la plupart des inégalités mises en évidence sont des inégalités de revenus en particulier entre salariés : ce ne sont pas des inégalités de patrimoine. Est-ce un hasard si en France il n'existe aucune statistique d'inégalité de patrimoine à la réserve de certaines comparaisons touchant les revenus du travail et du capital d'un salarié à l'autre ? Pour donner des exemples, si l'on compare les revenus du salariat, on peut avoir un écart de 1 à 5 entre le smicard et le PDG, l'écart peut monter à 1 pour 12 si l'on compare les revenus du travail et ceux du capital, étant bien entendu qu'un salarié peut participer par l'actionnariat aux revenus du capital. Mais si l'on compare les patrimoines, les différences deviennent littéralement abyssales, ainsi l'écart en termes de propriété des moyens de production peut être cette fois de 1 à 280, et plus encore, mettons de 1 à 500, quand on élargit le patrimoine à tous les types de propriétés y compris foncières, artistiques, etc. Là, les choses sont encore plus claires : le smicard ne possède rien alors que le PDG participe d'un rapport de classe, d'un système de pouvoir et d'alliance autour de la défense de la propriété. C'est pourquoi nous pensons qu'une analyse de la crise systémique nécessite la mise en exergue des effets de la financiarisation sur les revenus, en particulier ceux des salariés ; de même qu'elle rend nécessaire l'étude de la polarisation en termes de propriété[12].

Si l'essentiel pour étudier la polarisation demeure l'analyse de la manière dont se combinent revenus et propriété, un aspect non négligeable est celui de la propriété intellectuelle et au-delà celui des diplômes et des formations. Dans l'enquête déjà citée de Merrill Lynch et du cabinet Gemini Consulting, il appert que le nombre de *nouveaux riches* est croissant par rapport aux héritiers de grandes fortunes même si ceux-là représentent l'immense majorité[13]. Bill Gates est le prototype du parvenu qui a fondé sa richesse sur les brevets et la science. Si cette voie d'accès à la richesse apparaît comme une forme de moralisation de la propriété, elle n'annule pas les effets de polarisation, au contraire : aujourd'hui l'une des premières formes d'inégalité Nord-Sud est celle qui existe en matière de recherche.

Une question fondamentale pour analyser les rapports de classe concrets reste celle de la capacité de la société capitaliste à fournir suffisamment de postes d'un niveau adéquat aux diplômés qu'elle forme en nombre croissant, et ce en perpétuant à la fois l'illusion de la mobilité et la permanence de la barrière des origines. Ainsi défini, le *parcage* des individus diplômés ou non devrait nous permettre d'élaborer une définition des Rmistes en termes de classe, c'est-à-dire en référence non seulement à leur absence de qualification préparée dans le système scolaire mais aussi à un milieu d'origine qui se caractérise, même en cas de diplôme, par un éloignement total de l'usage réel de la propriété.

Un large champ est ouvert à l'étude des contradictions capital-travail au sein même du salariat, aux effets de la mise en

---

[12] De même il faut conserver présent dans l'analyse des modes de régulation le fait que l'État non seulement a « le monopole de la violence légitime » (Weber) mais qu'il est la « forme d'organisation que les bourgeois se donnent par nécessité, pour garantir réciproquement leurs propriétés et leurs intérêts (...) il s'ensuit que toutes les institutions communes par l'intermédiaire de l'État reçoivent une forme politique » (Marx).
[13] Il n'est pas rare que la gestion des holdings regroupe des collèges d'associés, les uns ayant droit à la fois au profit et à la propriété. Il s'agit de familles. Les autres n'ont droit au profit que tant que dure leur carrière au sein du groupe. La propriété n'est pas simplement un droit juridique, elle est un usage et c'est à travers l'usage basé sur l'appartenance à des familles qu'il y a barrière ou niveau.

concurrence aujourd'hui. Le thème de l'exclusion masque la réalité de ces effets de polarisation, nous verrons ultérieurement qu'il joue plus un rôle d'opérateur idéologique de la transformation de la société française que ce qu'il a vocation à en décrire la structure réelle.

Chapitre II

Le contexte de l'exclusion, le RMI et le remodelage de la société française

L'exclusion et l'instauration du RMI

La fortune du terme d'exclusion tient sans doute au fait qu'il s'agit d'une notion fourre-tout qui permet de désigner l'existence de cette paupérisation prolétarienne massive en niant sa relation avec l'exploitation. L'exclusion est un prédicat assez universel, assez général pour ignorer chaque chômeur ordinaire, son appartenance au monde ouvrier et l'englober dans un conglomérat indéfini où il perd sa dimension de classe et devient sujet de son propre destin, sujet soumis à l'interdit du savoir, handicapé, mutilé.

Le RMI est un dispositif institutionnel parmi d'autres. Il s'agit de simples compensations, d'un bricolage qui ne prétend en aucune manière s'attaquer aux processus fondamentaux par lesquels s'accroît le nombre d'individus frappés dans leur condition de prolétaire.

Une crise systémique est une crise où les modes de régulation habituels ne fonctionnent plus et où ceux que l'on met en œuvre aggravent la dérégulation du système. Ce qui revient à souligner que la crise économique est également une crise démocratique, crise des institutions étatiques et des formes de sociabilité. Le concept de régulation nous renvoie à une forme de contrôle social par lequel des groupes sociaux, ou des institutions, agissent sur les activités sociales afin d'assurer le maintien de l'ordre et d'empêcher les comportements déviants. La crise systémique est celle d'un mode de production. L'avoir nommé avec pudeur néolibéralisme n'efface en rien son essence capitaliste. Le *mot* et la *chose* du capitalisme, ses armées, ses idéologies (sous sa forme *scientifique* néo-classique notamment), auraient-ils disparu par enchantement depuis que l'on n'ose plus en parler ? Le capitalisme est un système d'exploitation dont quelques-unes des contradictions majeures opposent le capital (dominant) au travail (dominé) et un centre (dominant) à des périphéries (dominées). Et il convient de se souvenir que les *appareils* étatiques à sa disposition ne sont pas seulement de répression mais aussi d'idéologie. La *globalisation* n'est pas autre chose que la nouvelle phase actuelle de mondialisation de l'accumulation du capitalisme : financiarisée, polarisante, non démocratique et marquée par l'exclusion ainsi qu'une aggravation des conditions prolétariennes.

Le RMI, exclusion et insertion

Le 1er décembre 1988, instauré par la loi 88-1088, est mis en place le dispositif RMI, censé répondre à un double objectif, assurer un minimum vital et favoriser l'insertion sociale et professionnelle *des plus démunis*. L'allocation RMI est un droit familial et non individuel comme l'est par exemple l'allocation unique dégressive (principale allocation de chômage). Le calcul du montant de l'allocation se fonde sur le foyer, c'est-à-dire l'allocataire et les personnes à sa charge. Les caractéristiques de l'ensemble des personnes qui composent le foyer sont prises en compte. Et c'est l'ensemble de ces personnes que le droit couvre. Ainsi en 1996, s'il y avait quelque 900 000 allocataires du RMI en France métropolitaine, on peut considérer qu'en réalité 1,7 million en vivaient. Complément à d'éventuelles ressources, le RMI est versé pour que l'allocataire dispose d'un revenu minimal.

Barème du RMI selon la configuration familiale
(au 01/07/98 - mensualités)

Configuration familiale	personne seule	couple
sans enfants	2429	3644
un enfant	3644	4373
deux enfants	4373	5102

Source : CNAF - statistiques exhaustives RMI (Bouches-du-Rhône)

En tant qu'allocation différentielle, le RMI équivaut à la différence entre le niveau de ressources que perçoit l'allocataire (prestations familiales, prestations sociales, revenus d'activité, avantages en nature...). Le montant moyen de la prestation versée aux bénéficiaires en juin 1998 fait apparaître sur l'ensemble un montant du RMI inférieur au barème de base.

Montant moyen versé aux allocataires, en juin 1998
(entre parenthèses : valeur en pourcentage du barème)

Configuration familiale	personne seule	couple
sans enfants	1946 (80 %)	2133 (59 %)
un enfant	2066 (57 %)	2218 (51 %)
deux enfants	2041 (47 %)	2287 (45 %)

Source : CNAF - statistiques exhaustives RMI

A la lecture de ces deux tableaux, il ressort que les statistiques du RMI risquent de gonfler le phénomène de *désaffiliation*. En effet le bénéficiaire a tout intérêt à ne pas déclarer qu'il vit en couple. Notre propre étude nous a permis de constater qu'effectivement il y avait un gonflement administratif des personnes seules déclarées par rapport aux situations réelles. Sans vouloir sous-estimer l'influence sur l'ensemble de la vie des gens du passage par le chômage et le nombre de désaffiliés, on ne peut prendre pour acquis une désaffiliation largement contenue dans le système de classement. Avec la multiplication du travail au noir, le RMI assure non seulement une somme de base mais aussi une couverture sociale. Il peut donc jouer un rôle dans le développement d'une flexibilité revendiquée presque officielle-ment par les milieux patronaux sous couvert de fin du travail. Le travail au noir suppose souvent l'existence de réseaux de relations et d'habitudes, réalité que notre vision en termes d'exclusion est forcée d'écarter.

Quand René Lenoir invente en 1974 le terme d'*exclus*, il veut désigner les oubliés de la croissance. Il ne s'agit pas alors pour lui de définir une catégorie homogène mais un regroupement de tous les laissés pour compte de la société. L'auteur emploie d'ailleurs d'une manière indifférente le terme d'exclus et celui d'inadaptés sociaux, se mêlent à sa description handicap, absence de formation et dangerosité sociale[14]. Il n'établit aucune relation entre l'exclusion et l'appartenance de classe :

« *Si l'inadaptation touche plus particulièrement certains milieux défavorisés, elle n'épargne aucune classe sociale et aucun âge de la vie. Aucune famille aussi bourgeoise soit-elle et quelles que soient ses traditions religieuses ou laïques, ne peut se vanter qu'un de ses enfants ne sera pas un fugueur, un drogué, un délinquant ou un révolté (sic). La gangrène menace donc le corps social tout entier* » (p. 36).

Ce qui réunit ces individus dans une telle optique, ce n'est pas leur origine de classe, mais le fait qu'ils relèvent de la compétence des services sociaux et d'un ministère, celui des Affaires sociales. René Lenoir appartient d'ailleurs au dit ministère. L'exclusion transforme la paupérisation prolétarienne en déviance normative. Avec le traitement social de l'exclusion, on en arrive à une sorte de moralisation de la condition ouvrière bien connue des philanthropes et que reflète l'idée d'insertion. L'exclusion est prise comme une dérive qui affecte profondément la psychologie d'un individu. Celui-ci doit être désormais resocialisé, inséré, ce qui peut s'avérer parfaitement exact d'ailleurs tant le chômage durable est mutilant.

Le RMI ne se réduit pas à un aspect monétaire, ses inspirateurs ont pris en compte l'aspect multidimensionnel de la pauvreté. Le dispositif procure à son bénéficiaire un revenu minimum, mais aussi *une ouverture de droits* (perdus pour la plupart avec la mise en place de l'allocation unique dégressive, les fins de droit)

---

[14] « *Cette personne en raison d'une infirmité physique ou mentale, de son comportement psychologique ou de son absence de formation, est incapable de pourvoir à ses besoins, ou exige des soins constants, ou représente un danger pour autrui, ou se trouve ségréguée soit de son propre fait soit de celui de la collectivité* ». René Lenoir, *Les exclus*, Paris, Le Seuil, 1974. p. 10.

et *une démarche d'insertion*. Les droits ouverts comprennent l'affiliation à l'assurance maladie et une couverture complémentaire, l'attribution de l'allocation de logement social pour ceux qui ne perçoivent aucune autre aide. Ces droits sont liés à un contrat. On peut parler d'une véritable injonction d'insertion.

Les conseils généraux gèrent l'insertion et la couverture des droits des Rmistes à travers les commissions locales d'insertion[15]. Bien que le programme d'insertion soit dessiné par le CDI (Conseil départemental d'insertion), coprésidé par le préfet et le président du Conseil général, l'évaluation et le suivi des allocataires dépendent des CLI. Elles-mêmes sont l'objet de partenariats divers entre les services sociaux publics et le tissu associatif (caritatif, humanitaire, culturel).

Le RMI et les mutations sociales

Au milieu des années 80, l'option d'une politique en faveur du profit financier accentue le chômage, en particulier pour les salariés les moins pourvus de diplômes. Les statuts précaires se multiplient. On assiste à un retour en force d'une pauvreté massive y compris dans les pays riches. Il est difficile de continuer à analyser la paupérisation prolétarienne en référence à des rebuts de la croissance. L'idée germe alors qu'une sphère nouvelle rompt avec le reste de la société. Le lien social est menacé de fracture.

Durant tout ce temps, le mot d'ordre des politiques étatiques à un niveau global, en harmonie avec le marché financier, est la productivité, à la fois celle liée au développement technologique et celle qui, en anticipant sur les gains, permet l'envolée financière. Il faut *moderniser*, réduire les effectifs, rejeter massivement ceux dont les qualifications sont nulles ou dépassées. 1983 est, nous l'avons vu, la date charnière, celle du choix

---

[15] Les CLI sont composées et présidées ou par les départements, ou par les préfectures, mais y assistent et y participent des associations et d'autres services couvrant les compétences du dispositif RMI.

d'une politique de *rigueur*, celle où l'on évacue de l'indemnisation chômage des chômeurs de longue durée.

La publication du rapport P. Wrésinski formalise les notions de précarité et de grande pauvreté. Le terme d'exclusion ou celui de très grande pauvreté est repris en 1987. Puis encore en 1995, un autre rapport au Conseil économique et social insiste une fois de plus sur la très grande diversité des situations de précarité. Sont pris en compte les accidents qui jalonnent les trajectoires individuelles, divorces, maladies, ruptures.

Notons que déjà sont à l'œuvre dans la grande presse les deux manières de transformer un phénomène de classe, la paupérisation prolétarienne, en exclusion. La première est de marquer que la *désaffiliation* est le produit de trajectoires individuelles, l'équivalent du destin. Dès l'origine, on l'a vu, le terme d'exclusion a cette dimension idéologique. La seconde est de tenter de circonscrire son aspect massif à des quartiers défavorisés en insistant sur le poids de l'ethnicité. Les banlieues, les cités deviennent des synonymes de l'exclusion et avec elles sont désignés des groupes sociaux. Est oublié le fait que ces groupes appartiennent au monde ouvrier pour mettre en évidence leur origine étrangère. Depuis la fin du XIXe siècle, le monde ouvrier a crû par immigration et après la Seconde Guerre mondiale celle-ci provenait des anciennes colonies. Cette fois la *désaffiliation* a une origine culturelle, voire ethnique, même si les jeunes sont français. Là encore sont confondus handicaps culturels et dangerosité sociale. Et ce n'est sans doute pas un hasard si l'idéologie sécuritaire devient la base de l'alliance de fait entre les couches moyennes menacées par la précarité et les *élites* capitalistes. Le thème de l'exclusion est d'abord idéologique : le paupérisme ouvrier est renvoyé à tout sauf à son origine réelle, il devient le produit de destins individuels, de zones urbaines, d'ethnies voire de *races*[16]. S'il est fait allusion au

---

[16] L'ethnie est-elle autre chose que la version politiquement correcte de la race ? Ou on admet que l'ethnie est une nation en constitution (territoire, langue), ou on l'établit sur des bases raciales sans fondement scientifique. L'École de Chicago a bien montré que, pour les immigrants, se regrouper sur des bases ethniques ne relevait pas d'une société d'origine mais de la nécessité de s'intégrer collectivement à une nouvelle société qui, comme les États-Unis, était marquée par le communautarisme.

contexte économique et social, à la panne de la mobilité sociale, il s'agit justement d'un effet contextuel, pas d'une situation de classe, d'où la référence aux zones urbaines d'exclusion. L'idéologie urbaine permet d'attribuer à un espace la production de caractéristiques sociales.

En revanche, pour remettre en question la dimension fondamentalement idéologique de l'exclusion, nous avons choisi de partir du public du dispositif RMI. Nous verrons que ceux-là ne peuvent pas être isolés des chômeurs, des salariés privés d'emploi, et pourtant ce public a été administrativement circonscrit, désigné comme exclu. Donc, pour comprendre en quoi le RMI s'inscrit dans une logique politique globale même si cette mesure est sectorielle, il faut l'analyser en regard de quatre grandes mutations : la protection sociale en France et les formes de solidarité, le travail et plus généralement le salariat, l'extension de la pauvreté, les classes sociales et la mobilité.

La protection sociale est au centre d'un débat politique fondamental. La France est le pays européen dont le financement des dépenses de protection sociale est le plus lié au monde du salariat. 75,6 % des dépenses proviennent de cotisations sociales. La cotisation employeur représente quasiment le double de celle des salariés. A contrario de la France, le Royaume-Uni a fondé ses dépenses sur le prélèvement fiscal.

Structure du financement des dépenses
de protection sociale dans l'Union Européenne (1994)

	Cotisations sociales	Cotisations employeurs	Cotisations salariés	impôts
France	76,5 %	49,1 %	27,4 %	23,5 %
Allemagne	72,3 %	45,7 %	26,7 %	27,6 %
Espagne	68,2 %	50,3 %	18 %	31,7 %
Royaume Uni	62,8 %	46,5 %	16,3 %	37,1 %
Italie	41,7 %	26,1 %	15,6 %	58,3 %
Danemark	19,3 %	9,2 %	10,1 %	80,7 %

Source : Eurostat.

Le système français repose sur la solidarité salariale qui fait jouer la complémentarité entre les actifs occupés (salariés) et les retraités ou autres inactifs. Les cotisations servent à couvrir les retraites mais aussi les risques de précarité des salariés (chômage, maladie, accident du travail). Le prélèvement s'effectue sur les lieux de création de la richesse, il est prélevé sur la valeur ajoutée dégagée par l'activité des salariés. La redistribution de ces prélèvements est effectuée par le biais des administrations publiques (de même que le prélèvement), elle est gérée par des organismes paritaires, représentants de l'État, du patronat et des syndicats de salariés.

L'explosion du chômage durant les deux dernières décennies et les prévisions démographiques concernant les retraités ont fortement contribué à la remise en cause d'un modèle basé sur le salariat.

Deux dispositions jouent un rôle clé dans cette remise en cause : la CSG et le RMI, tous deux institués par le gouvernement Rocard. Le modèle suivi est celui dit beveridgien du Royaume Uni. La protection sociale est déconnectée du salariat pour une grande partie. Elle est composée de fonds de pensions pour les travailleurs « *non pauvres* », ceux-ci sont gérés par les régimes d'entreprises. Les prélèvements sont effectués en amont des salaires. La gestion de ces fonds est faite par l'administration sans que les cotisants y prennent part. Ces fonds de pension constituent par ailleurs la première source de spéculations boursières. Nous avons vu dans le chapitre précédent les liens qui se tissent entre la prolétarisation et la financiarisation. Parallèlement à ce système, un minimum universel est mis en place, financé par la fiscalisation. Il est rapidement supplanté par l'assistance publique pour les travailleurs pauvres. Le minimum retraite ou plus généralement de protection qui leur est proposé s'avère très insuffisant et il est complété par les aides sociales ne relevant pas du droit commun mais de l'assistance publique. L'arrivée de la CSG, puis du RMI, est une contribution à ce mouvement de fiscalisation. Il s'agit d'une financiarisation de la protection sociale par laquelle on passe d'une solidarité salariale à une solidarité libérale[17].

Pièce centrale du dispositif de lutte contre l'exclusion, le RMI est mis en place par le gouvernement Rocard. L'époque est celle d'une alliance euphorique, grâce à la croissance retrouvée, largement due au *contre-choc pétrolier*, entre les marchés financiers, la droite démocrate chrétienne et technocratique et la génération Mitterrand parmi laquelle l'*innovant* ministre de la Ville Bernard Tapie.

C'est également le temps du triomphe de la rhétorique du Club Saint Simon dont voici un échantillon :

« Une crise de l'État Providence d'ordre philosophique est en train de s'ouvrir : elle marque une inflexion décisive dans la perception du social qui a prévalu pendant près d'un siècle. Au-delà des difficultés financières et gestionnaires, elle correspond à l'entrée dans un nouveau moment de la modernité. La crise philosophique conduit à reprendre à la racine la question des droits, elle force à reconsidérer les expressions usuelles du

---

[17] Le terme de solidarité libérale est employé par Bernard Friot dans *Puissances du salariat*, La dispute, 1998. Par solidarité libérale, il entend un système de protection sociale financiarisé et dual, pour pauvres et non pauvres. Toute notre section sur la protection sociale est inspirée de ce livre.

contrat social, à reformuler la définition du juste et de l'équitable, à réinventer les formes de la solidarité »[18].

Pour l'auteur de cette citation, Pierre Rosanvallon, notons que la crise est devenue une catégorie purement spéculative : s'agit-il du chômage qui dégrade les conditions d'existence d'une masse grandissante d'individus, renforce les conditions de l'exploitation ? Non, cette crise-là est crise philosophique, crise *de la modernité*. De toute manière la crise *philosophique* se situe au-delà des difficultés financières et gestionnaires sur lesquelles il s'appesantit d'autant moins que jamais les profits financiers n'ont été aussi élevés.

La lutte contre l'exclusion peut ne plus s'exercer en termes de droits généraux, elle requiert le concours de compétences multiples selon une logique d'allocation de ressources différenciées, ciblées et donc naturellement inégalitaires. Pour Rosanvallon, déjà cité, la loi sur le RMI marque un nouveau tournant de l'État-providence, elle signifie : « *l'acte de naissance de l'État-actif-Providence et d'un nouveau droit, "le droit social"*. *Un droit social à l'insertion qui rompt avec l'opposition assurance-assistance et associe droit et contribution : le passage à un système solidariste implique au premier chef de rompre avec l'attente implicite d'une contrepartie autour de laquelle était organisée l'assurance sociale* ».

Mais Rosanvallon, et avec lui un certain nombre de chantres de la modernisation étatique libérale, va plus loin, il propose que ce régime d'obligations soit constitutif de la nation et de la citoyenneté : « *Nous devons entrer dans un système où la solidarité n'est pas dotée par le sentiment du risque qui varie selon les catégories sociales, mais par notre appartenance à la même communauté, à la même nation* ».

---

[18] Pierre Rosanvallon, *La nouvelle question sociale, Repenser l'État providence*, Paris. Ed. du Seuil, 1995. Pierre Rosanvallon a publié en 1981 un premier essai : *La crise de l'État-providence*. Il a été un des initiateurs de la réflexion qui s'est développée dans la Fondation Saint Simon. Cette fondation nous paraît assez représentative de la manière un peu honteuse dont (à l'inverse de l'insolence thatchérienne) le libéralisme s'introduit en France sur le plan idéologique. Des essayistes ne cessent de justifier la « troisième voie », sur des bases sociales et sur une quasi-futurologie.

Le droit a basculé ? Peut-être jusqu'au risque de devoir définir les contours des droits des travailleurs par référence à la même communauté ? Jusqu'à la préférence nationale ? Dans l'ensemble des pays occidentaux et en particulier aux États-Unis on voit apparaître peu à peu des propositions pour restreindre les droits sociaux (santé, éducation) aux seuls citoyens. Et il s'agit moins de réduire l'immigration que de créer les conditions d'une surexploitation comme dans le cas des clandestins ou autres sans-papiers.

Un revenu minimum inconditionnel ?

Avec un solide bon sens Robert Castel s'insurge contre cette futurologie quand elle justifie les pires atteintes à la condition salariale :

« La question n'est pas de s'accrocher au souvenir d'une société qui se dérobe, mais de se demander comment se déplacer sans en sortir par le bas. Pour ce faire, il faut bien contextualiser la réflexion sur aujourd'hui. Il faut distinguer cette réflexion contemporaine des grands propos sur la fin de la civilisation du travail comme celui de Dominique Méda dans Le Travail, une valeur en voie de disparition : je trouve cela pas mal du tout, et il y a des aspects qui me séduisent tout à fait là-dedans. C'est une perspective qui pourrait être juste à terme, mais le problème est que l'on raisonne pour ce qui se passera dans cinquante ans lorsque le travail sera peut-être complètement relativisé. Il me semble que le problème tel qu'il se pose aujourd'hui est de sortir du modèle (le couplage du travail et des protections) ou de réaménager le modèle. De ce point de vue, garder une référence à cette articulation entre travail, protection et dignité sociale n'est pas une position nécessairement nostalgique ou obsolète. J'aurais tendance à rapporter les propositions d'avenir immédiat à la référence qu'elles gardent à ce modèle. Je pense que de plus parmi les choses qui sont proposées, certaines sont très dangereuses ou complètement aberrantes. Je ne sais si vous avez lu ce matin le rebond de Libération, "le SMIC machine à exclure" : c'est un

exemple des choses auxquelles je suis absolument opposé. Il fleurit comme cela des quantités de propositions qu'il faut évaluer par rapport aux risques qu'elles comportent d'accélérer le processus de dégradation dans lequel nous sommes entrés, sous prétexte de proposer une perspective d'avenir "libérée" des contraintes du travail »[19].

Au-delà du RMI, un débat est lancé : faut-il attribuer un revenu minimum inconditionnel ? Les rapprochements idéologiques sur cette question n'ont rien d'évident. Les libertaires rejoignent les libéraux sur l'attribution d'un revenu minimum inconditionnel. A partir de philosophies différentes, ils font le même choix : disjoindre définitivement le droit au revenu du droit à l'emploi, avec pour les libéraux la recherche de flexibilité et le maintien du devoir de travailler et pour les libertaires *le droit à la paresse*. Les libéraux sont d'accord avec de nouvelles exonérations des cotisations sociales, voire la taxation des hauts salaires. Bernard Friot, que l'on peut classer dans le pôle de radicalité, accuse ces exonérations d'être à l'origine de la dégradation du marché du travail, mais quand il défend le modèle français du couplage entre les protections et le travail, il se heurte à l'opposition des économistes communistes autour de Paul Boccara[20]. Ces derniers reconnaissent que la stratégie patronale cherche la séparation entre *charges salariales* liées à l'utilisation de la main-d'œuvre et d'autres dépenses qui relèveraient alors de la solidarité. En ce sens l'existence d'un revenu minimum inconditionnel peut entrer dans cette stratégie avec déjà la mise en œuvre de la réforme de l'UNEDIC ou des allocations familiales, la proposition patronale récente de ne plus intervenir dans la santé des travailleurs mais de s'occuper plus de formation. Ils objectent que la cotisation n'est pas le véritable rempart. Selon eux, elle perpétue les inégalités dans la rétribution de la force de travail, ainsi les secteurs de bas salaires sont ceux où la protection sociale est la plus insuffisante. Pour ces économistes la bataille fondamentale n'est pas entre le salaire, incluant la couverture

---

[19] Débat sur le revenu minimum inconditionnel organisé par la revue *Mauss* fin décembre 1995, publié par cette revue en 1996, p. 174-187.
[20] Paul Boccara : « Sur l'ambition et le réalisme d'un projet de sécurité d'emploi-formation ». *Économie et Politique*. n° 236. décembre 1996.

socialisée de besoins, et la rente ; mais dans le dépassement de la subordination du travail vivant au capital dans le processus de création de richesses lui-même.

Un thème est sous-jacent dans les commissions locales d'insertion, celui de la fraude et des abus toujours possibles, d'où l'insistance sur la contrepartie, c'est-à-dire la volonté d'insertion. Dans le même temps il est clair que dans la plupart des commissions, pour les individus les plus en difficulté, la tentation est de renouveler le RMI sans chercher à fouiller bien avant dans la crédibilité d'un contrat d'insertion et dans sa capacité à déboucher sur l'emploi. Et ceci en particulier quand on touche aux difficultés dans le domaine du logement et à la manière dont l'État devrait l'assumer.

La question de la contrepartie au revenu minimum, de savoir s'il est d'insertion ou inconditionnel, n'est donc pas simplement un débat théorique mais cette question est à l'œuvre concrètement dans les débats des commissions locales d'insertion. Leurs membres partagent le postulat de l'irréversibilité du handicap social qui empêche l'individu d'être employable dans le marché du travail actuel. Quitte à ce que le passage dans le sas de l'insertion soit effectivement la zone où l'individu se socialise aux handicaps. Ainsi les emplois précaires, même menés dans des cadres bien établis, n'aboutissent pas nécessairement à une socialisation, beaucoup d'enquêtes ont montré à quel point les CES renforçaient le sentiment d'isolement de ceux qui en bénéficiaient.

Fin du salariat ?

La plupart des débats que nous avons évoqués s'appuient sur l'hypothèse de la fin du salariat. Bien que le salariat se soit transformé sur trois générations, le nombre de salariés ne cesse de croître. Le taux de salariés est aujourd'hui un des plus élevés de son histoire. Sur une population active d'environ 26 millions de personnes, 86 % sont salariées. En 1997, le salariat a comptabilisé 155 000 nouveaux arrivants. En revanche, la structure du salariat s'est modifiée : les agriculteurs ne constituent plus que 3,4 % de la population active, le secteur industriel qui a aussi chuté avoisine les 25 %, alors que le secteur des services a explosé avec plus de 70 % de la population. La génération des années 50 a vu l'émergence des employés, la progression a crû pour la génération des années 70. La part de la population ouvrière a décliné au profit des employés (28 % contre 26 %). Il est à noter cependant que les entreprises d'intérim qui ont explosé durant la dernière période sont comptabilisées dans ce secteur tertiaire. Cette diminution de la population ouvrière correspond pour certains auteurs comme Mendras à l'expansion d'une classe moyenne hégémonique dans le salariat. Mendras compare la société française à une toupie avec un gonflement de la classe moyenne. A travers la mobilité, la classe ouvrière aurait été absorbée par la classe moyenne. Or nous savons que cette mobilité est plus ou moins freinée depuis les années 60[21]. La classe moyenne est essentiellement considérée à travers l'uniformisation des modes de vie.

Le revenu national a augmenté de 1950 à 1970. Le salaire ouvrier exprimé en pouvoir d'achat est passé de l'indice 100 en 1949 aux indices 173 pour le père de famille parisien, 210 pour le célibataire de la même origine, 226 pour le célibataire de province en 1968. Mesure encore plus objective, celle de l'accroissement des consommations depuis 1956, compte tenu de la dépréciation monétaire, en 1969 cette consommation est passée de l'indice 100 à 150, avec une plus faible variation de l'alimentaire (120) que de toutes les autres consommations. Désormais l'emploi du budget ouvrier ne se réduit plus à une simple survie : celui-ci est consacré au logement et aux loisirs. La progression est même inversement proportionnelle à la place occupée dans la hiérarchie sociale. Les catégories ouvrières ont augmenté leur consommation globale, en 13 ans, de la moitié, parfois même des trois quarts pour le non alimentaire, alors qu'au sommet de la pyramide sociale la progression des industriels et des professions libérales n'est que du tiers. Le passage des salaires hebdomadaires à des salaires mensualisés,

---

[21] Cf. Louis Chauvel. *Le Destin des générations*, PUF, 1998.

aboutissant en 1968 à leur généralisation intégrale, a permis de transformer la structure des budgets ouvriers dans le sens d'une gestion plus étalée. Mais il faut sans doute relativiser ces mutations. L'expansion des employés par exemple, présentée comme le corrélat de la « moyennisation » de la société, est à interroger : est-ce que les caissières de supermarchés sont plus proches d'un mode de vie ouvrier ou de celui des couches moyennes ? Il faudrait se demander aussi si l'endettement des ménages, ou encore le retour à des contrats déterminés, ne modifient pas les comportements en matière de gestion budgétaire. Le FMI a proposé de doter les travailleurs d'un carnet d'épargne individualisé en matière de protection sociale, l'idée a été retenue en Angleterre.

Partant de l'intégration ouvrière dans le salariat qui est le résultat d'un processus séculaire accéléré par la croissance de 1950 à 1970, selon les idéologues de la fin du travail et de la crise de l'État-providence, on aboutirait à l'observation d'une gigantesque classe moyenne, les très riches et les exclus représentant deux pôles minuscules. Dans cette perspective le nombre d'exclus augmenterait, non parce qu'une nouvelle phase d'accumulation capitaliste est en train de s'installer mais parce que l'État-providence serait un instrument de redistribution des richesses au sein des couches moyennes. Son coût de fonctionnement devenu prohibitif engendrerait du chômage, il serait donc une *machine à exclure*. Telle est la thèse que défendront les idéologues réunis autour du Club Saint Simon. L'exclusion en tant que métaphore de la paupérisation prolétarienne sert de pivot à l'analyse saint-simonienne. La référence à l'exclusion ne signifie pas que des individus qui n'arrivent plus à vendre leur force de travail ne peuvent plus faire face à des besoins élémentaires de reproduction de cette force de travail pour eux et leurs enfants. Elle ne signifie pas non plus que cette phase de désaffiliation où l'individu perd son emploi, ses protections et aussi son logement, est celle où se mettent en place de nouvelles conditions d'exploitation[22]. D'où notre

---

[22] On a bien souvent noté la croissance extraordinaire des emplois précaires, voire la remise en cause des protections sociales. La baisse des salaires est tout aussi réelle. Ainsi les salariés les moins diplômés engagés après 1993 sont en moyenne recrutés à 10 % de

hypothèse : il ne s'agit pas d'exclusion mais de paupérisme, une transformation de l'ensemble de la condition salariale. Jamais la référence à l'exclusion ne met en évidence une dégradation majeure de la condition prolétarienne dont les qualifications sont attaquées de toutes parts. Les lamentations sur le triste sort de l'exclu aboutissent à l'idée qu'il faudrait mettre en cause la couverture sociale des salariés. L'influence de ces idéologies sur les différents responsables politiques et sur la grande presse est considérable. C'est pourquoi le couple maudit du ministre de l'économie, financier sans états d'âme, et du ministère des affaires sociales peu ou prou dame patronnesse est tout à fait *fonctionnel*. Il s'agit d'illustrer la logique étatique, la rationalité financière qui est de l'ordre du déterminisme et le supplément d'âme pour les *pauvres* qui relèverait, lui, de l'optimisme de la volonté de détail. Mais en fait la charité permet, selon la logique du paupérisme, de faire accepter les atteintes à la condition salariale dans la logique du financier. Une relecture de *Sainte Jeanne des Abattoirs* de Bertolt Brecht serait tout à fait utile.

Un des paradoxes de la période n'est-il pas en effet que les mesures présentées comme les plus avancées sur le plan social mécontentent toujours les intéressés ? Il est vrai que ceux-là apparaissent alors aux yeux de l'opinion publique comme de *mauvais coucheurs*, des corporatistes attardés, tant l'idée d'une compensation structurelle au moindre acquis est ancrée dans la logique politique. De ce fait, le caractère non démocratique des modes de régulation préconisés (comme par exemple le fait qu'il n'y ait pas de représentants des Rmistes, ni des chômeurs, dans les instances chargées de traiter de leur sort) tient d'abord au fait que cette *modernisation* est repoussée par ceux à qui elle s'adresse.

Le salariat est caractérisé par le contrat assurant la protection de l'emploi et, de façon plus générale, la protection sociale. Le mythe de la fin du travail est le corrélat idéologique des transformations vers la précarisation des salariés (CDD, intérim,

---

moins que leurs homologues plus anciens dans l'emploi. Ces emplois bénéficient, en outre, de l'exonération des charges sociales, d'où le fait qu'à partir de 1993, et malgré la récession, l'emploi des moins diplômés arrête de décroître.

temps partiel et autres contrats) : 20 % des salariés sont en situation précaire. Pour répondre au problème du chômage, l'État a mis en place différentes mesures visant à créer des emplois. L'éventail de ces mesures est assez large, de la création directe d'emplois à l'incitation à l'embauche pour les entreprises (TUC, CES, emplois jeunes). Les emplois indirects concernent les zones franches avec les exonérations d'impôt à l'embauche, les subventions directes aux entreprises et les autres mesures dont l'origine est un financement étatique. On peut parler à ce propos d'un salariat spécifique pour définir ces emplois créés par l'État et dont le financement ne dépend pas de la richesse produite mais de la fiscalisation, des impôts prélevés à la source des ménages. Il s'agit d'une précarisation du salariat y compris dans la fonction publique. La pauvreté s'étend des chômeurs à toute une partie des travailleurs. On approche du schéma anglais des travailleurs pauvres et non pauvres. Le nombre des ménages touchés par la pauvreté varie sensiblement selon les modes de comptabilisation, passant de 5 à 13 millions. Cette précarisation a pour corollaire la reprise des embauches de travailleurs non qualifiés en 1993 ; on notera cependant que ces *réinsérés* perçoivent un salaire inférieur de 10 % à celui de leur embauche précédente.

A travers l'insertion, l'État philanthrope manie *philosophiquement* la carotte et le bâton, le prolétaire devenu *exclu* doit mériter, *par contractualisation du droit à l'accès à un revenu minimum*, qui lui a été arraché par son rejet hors du régime général d'indemnisation. On lui apprend à négocier son retour dans l'*utilité* sociale. Il doit être capable de produire lui-même les nouvelles conditions de son exploitation sous le regard soupçonneux des instances chargées de suivre les résultats de ses efforts.

A partir du moment où elle permet de passer d'une analyse en termes de classe à la définition d'un conglomérat ré-éducable individuellement (par l'insertion), la notion d'exclusion peut jouer un rôle instrumental sur l'ensemble de la condition prolétarienne, sur le salariat et donc sur la *citoyenneté*. A travers la reconnaissance de populations exclues, du danger de *fracture sociale*, il n'y a pas seulement création d'un régime particulier mais bien, par touches successives, modification du régime général. Parce qu'en 1983 a été créée une zone de non-droit, celle ci devient la case vide d'une sorte de jeu de pousse-pousse dans laquelle se recompose l'ensemble du régime de protection sociale. Ainsi le RMI marque la reconnaissance administrative de catégories de populations échappant à l'emploi stable. Ils ne sont pas condamnés à un chômage total, le RMI constitue au contraire une pièce centrale de la flexibilité, soit qu'il s'accompagne de travail au noir, soit qu'il soit inclus dans une alternance de travaux plus ou moins précaires. Mais désormais une part des revenus prolétariens échappe à l'assurance, aux cotisations patronales pour relever de l'impôt pris à la source.

Nous avons centré notre analyse des bénéficiaires du RMI dans le centre-ville de Marseille. Notre étude s'appuie sur un découpage des bénéficiaires en trois générations, pour bien marquer qui sont ces populations et avec l'idée que pour les deux dernières générations un déclassement s'opère.

Est-ce que les Rmistes ne sont pas les victimes de ce déclassement, ce que nous avons défini comme la prolétarisation ? N'avons-nous pas été confrontés à l'expansion d'une classe moyenne comme simple effet de génération ? Les nouveaux pauvres ne sont-ils pas tout simplement les enfants des ouvriers que l'on croyait destinés à être absorbés par les employés et autres couches moyennes ?

Chapitre III

Générations
et mobilités sociales

Nous avons étudié une population de *pauvres institués* à travers le dispositif RMI. A cet effet, nous avons fait passer un questionnaire à un échantillon représentatif de la population des allocataires du centre-ville de Marseille. Notre questionnement a été structuré autour de quatre grands thèmes :

1. Le rapport à l'éducation, formation, qualification des allocataires.
2. Le rapport à la santé.
3. Le rapport au logement.
4. Le rapport à l'emploi.

Nous avons déterminé trois générations d'allocataires en fonction de l'âge des Rmistes, d'une part, et de leur situation professionnelle, d'autre part, compte tenu de l'expérience salariale de chacun :

– Les 25-34 ans (1965-1974) débutent dans leur parcours professionnel.
– Les 35-44 ans (1955-1964) sont au milieu de leur parcours professionnel.
– Les 45-60 ans (1939-1954) sont à la fin de leur parcours professionnel.

Cette approche en termes de générations a pour but de mettre à jour les processus de changement social ; c'est pourquoi nous les avons inscrits dans des transformations structurelles et conjoncturelles économiques et sociales.

Les bénéficiaires du RMI ne forment pas une catégorie sociale mais une catégorie administrative relevant d'un dispositif de traitement de la pauvreté par l'État devenu philanthrope. Nous sommes devant une pauvreté instituée. Néanmoins il nous est apparu intéressant d'étudier qui étaient ces bénéficiaires du RMI dans les 1er et 2e arrondissements de Marseille et d'établir une étude de cas dans cette ville marquée par un chômage massif. Ce choix est d'autant plus intéressant que l'observation porte sur le centre-ville et non sur une zone de banlieue où l'on a tendance à limiter l'exclusion.

Au terme de notre enquête, il appert, premièrement, que la pauvreté vécue par les bénéficiaires du RMI n'est pas un cas particulier : elle s'inscrit dans un appauvrissement des catégories populaires lié à des transformations d'ordre structurel et conjoncturel. Deuxièmement, cette inscription dans les générations, dans le temps, a aussi son incidence dans l'espace en termes de groupes sociaux dont la mobilité est bloquée, captifs, limités dans leur accessibilité à l'espace urbain.

« *La dynamique des trente glorieuses est finie depuis longtemps, même si les cohortes anciennes bénéficient encore, en quelque sorte, de ses derniers vestiges. Les générations nouvelles héritant peut-être d'une situation sociale plus favorable que celle de la société du milieu du XXe siècle, mais vraisemblablement pas de la dynamique fabuleuse qui s'instaurait à la libération. Le modèle social qui allait de pair avec cette dynamique des plus favorables – plein emploi stable, progrès de tous ordres de cohorte en cohorte, mobilité sociale ascendante, perspective de vie en rapide amélioration, invention et diffusion de nouveaux modes de vie – semble peu à peu avoir été l'histoire d'un temps et le destin d'une génération, et non de toutes celles à venir* »[23].

Ni héritiers, ni handicapés

Les caractéristiques générales afférentes des bénéficiaires du RMI ne signifient pas la présence d'une catégorie sociale Rmiste[24]. Nous verrons d'ailleurs que les allocataires sont plus déterminés socialement par leur relation avec le monde du travail que par leur situation de Rmiste.

---

[23] Louis Chauvel. *Le Destin des générations*, op. cit.
[24] La Caisse nationale des allocations familiales (CNAF) diffuse régulièrement des données sur la population des Rmistes. Notre objectif n'est pas d'effectuer le même exercice. Tout au long de notre analyse, nous nous efforcerons de relier les allocataires au monde social dans lequel et par lequel ils existent en tant que bénéficiaires du dispositif RMI. Nous nous appuierons sur les études réalisées pour la CNAF et notamment celle de Cédric Afsa, consacrée à l'insertion professionnelle des bénéficiaires du RMI.

Une population jeune

Age	% des allocataires de l'échantillon (RMI dép.)	% des allocataires en France (RMI)
25-34 ans	47,4	48*
35-44 ans	23,1	24,9
45-60 ans	29,5	27,1

* *Parmi les 25-34 ans, nous avons comptabilisé les allocataires de moins de 25 ans qui ont à charge une famille. Cette catégorie représente environ 3,5 %. Elle est composée principalement de jeunes couples avec enfants. Leur situation sur le marché du travail et leur jeune âge les rapprochent des 25-34 ans.*

Le constat est net, la population des allocataires est jeune. Les 25-34 ans représentent quasiment le double des deux autres générations. Si l'on prend comme point de référence la population totale du territoire métropolitain, une personne sur dix-sept âgée de 25 à 34 ans vit avec le RMI, contre une personne sur quarante pour les 45-59 ans.

Bien qu'important, l'effectif des jeunes ne signifie pas que ceux-ci sont plus exclus, plus pauvres que les autres tranches d'âge. Cette présence massive des jeunes au sein de la population Rmiste s'explique par le fonctionnement du système de protection sociale : n'ayant pas travaillé ou pas assez, les 25-34 ans ne perçoivent aucune indemnité, ni l'allocation chômage, ni l'allocation de solidarité spécifique. De plus en plus pour cette génération le RMI est le premier revenu personnel. Il peut constituer pour eux une véritable étape vers le monde du travail, vers la flexibilité.

Une population peu diplômée

Répartition des bénéficiaires du RMI selon leur diplôme*

Diplôme	Effectifs (échantillon)	% échantillon départemental	% national
Aucun	148	42,3	42,1
CEP	18	5,1	10,8
BEPC	21	6,0	6,1
CAP, BEP	82	23,4	21,8
BAC	40	11,4	8,8
Etud. Sup.	41	11,7	10,4
TOTAL	350	100	100

* Source : INSEE - enquête RMI 1998.

Bien que tous les diplômes soient représentés dans la population des allocataires, celle-ci est peu ou pas diplômée en très grande majorité. Un tel constat permet de nuancer cette doxa suivant laquelle le RMI, et au-delà l'exclusion, affecte n'importe quelle catégorie de la population. Toutefois, si le taux des diplômés bénéficiaires du RMI est faible par rapport aux non diplômés, au plan de la population française l'évolution du taux de diplômés dans le dispositif a connu une croissance très importante entre 1991 et 1999.

Évolution du % des bénéficiaires du RMI selon leur diplôme[25]

Diplôme	Effectifs %	Évolution en % entre 1991 et 1999
Aucun diplôme ou CEP	66,4	- 24,1
BEPC	4,8	+ 1,2
CAP, BEP	20,1	+ 3,4
BAC	4,1	+ 7,0
Etud. Sup	3,6	+ 8,0
TOTAL	100	-

On constate en huit ans un important glissement vers des populations diplômées. L'augmentation des diplômés dans les effectifs du RMI nous paraît traduire un allongement de la période d'insertion professionnelle chez les jeunes. Et T. Blöss définit cette période dans son ouvrage intitulé *Les liens de famille* :

« *Ce qui a été intitulé la transition professionnelle, c'est-à-dire la durée comprise entre le système scolaire et la stabilisation dans un emploi, se caractérise de plus en plus par la multiplication de situations floues, mêlant emploi, chômage et formation, parfois de façon concomitante* »[26].

Le dispositif RMI a pour rôle de prendre en charge ces situations floues. En fait, la même part grandissante des diplômés est observée dans les statistiques du chômage consacrées aux années quatre-vingt-dix. Il convient cependant d'analyser ce phénomène avec prudence : l'augmentation des diplômés ne signifie pas que les bénéficiaires du RMI proviennent de toutes les classes

---

[25] Panel du CERC : atouts et difficultés des allocataires du revenu minimum d'insertion, rapport d'étape.
[26] T. Blöss, *Les Liens de famille, Sociologie des rapports entre les générations*, PUF, 1997, p. 17.

sociales. Pour s'inscrire en faux contre cette présomption, on précisera que ces diplômés ont une origine sociale comparable à celle de la population globale du RMI.

Une population bloquée dans sa mobilité

Les allocataires ne peuvent pas être rangés dans une classe sociale mais il est néanmoins possible de les classer à partir de leur origine sociale. Aussi bien notre enquête remet-elle en cause deux idées. La première est que les Rmistes seraient arrivés dans le dispositif à la suite d'accidents individuels. La seconde idée que nous rejetons est que les Rmistes seraient des héritiers de la pauvreté. Or les chiffres démentent cette allégation : seulement 6,5 % des allocataires de 25-34 ans ont des pères qui ont connu le chômage, et 1,4 % des pères des 35-44 ans. Nous pouvons dire en revanche que la population des allocataires est issue dans sa grande majorité des classes populaires.

Répartition des bénéficiaires selon leur âge et la CSP des pères

Génération CSP	25-34 ans	35-44 ans	45-60 ans
Agriculteurs	12,2	9,1	26,3
Artisans-commerçants	6,0	10,6	16,3
Cadres	8,1	4,5	1,3
Catégorie populaire*	66,9	74,2	53,1
Professions intermédiaires	6,8	1,5	3,8
Total	100	100	100

* Les catégories populaires comprennent les ouvriers et les employés.

La mobilité sociale ascendante des pères se vérifie à travers les données chiffrées générales sur la population française. Notre enquête sur les bénéficiaires du RMI dans le centre-ville de Marseille nous permet de constater que celle des enfants allocataires semble entrer dans une phase descendante ou marquer dans le meilleur des cas une pause.

Ainsi dans la période considérée, la proportion des agriculteurs n'a cessé de diminuer (-17,2 % entre les générations 35-44 ans et 45-60 ans). L'augmentation de la proportion d'agriculteurs entre la génération des 35-44 ans et 25-34 ans est biaisée puisqu'elle tient compte de la présence d'allocataires étrangers (Afrique du Nord et Comores). On peut considérer que ces pères agriculteurs appartiennent à la paysannerie pauvre du tiers-monde. Nous avons bien là une source classique du prolétariat.

Les effectifs dans la catégorie des artisans et commerçants baissent de façon continue (-10 % sur trois générations). Le cas des cadres est particulièrement intéressant : au niveau des pères il y a eu un mouvement continu à la hausse qui fait partie de la mobilité ascendante vers une grande classe moyenne chère à Mendras. Dans notre échantillon, on constate qu'une partie croissante des bénéficiaires du RMI de la dernière génération représente des enfants de cadres et des professions intermédiaires. Cette observation est à mettre en relation avec la croissance du nombre des diplômés chez les jeunes bénéficiaires.

Si la génération des parents reflète la *moyennisation* de la société et l'expansion de la *constellation centrale*, selon les analyses d'Henri Mendras[27], celles des enfants allocataires marquent un déclassement et un arrêt de cette aspiration vers le haut. La société des constellations selon Henri Mendras était celle où les barrières s'effaçaient. Entre les groupes sociaux se développait une grande souplesse de recrutement. Cette théorie est quelque peu remise en cause aujourd'hui par le déclassement des enfants des catégories populaires pour qui la question du reclassement ne se pose pas au-delà des catégories dont ils sont issues. L'explosion du chômage et de la précarité inverse la question de l'aspiration vers le haut des catégories populaires : la question n'est-elle pas désormais celle de la lutte contre l'aspiration vers le bas ? A supposer qu'il en soit ainsi, la nécessité est de faire accepter l'aspiration vers le bas par l'ensemble de la société française. Décrire cette société comme le produit de destins individuels ou comme le jeu d'ethnies inassimilables répond vraisemblablement à cette stratégie.

La souplesse entre les différentes constellations dans le cadre de la population des bénéficiaires apparaît plus comme un effet générationnel qu'un effet structurel. La pauvreté n'est plus une simple extrémité des classes populaires (la toupie selon Mendras a un centre rebondi et deux extrémités minuscules) mais s'étend à travers la précarité des conditions de vie des classes populaires. La constellation populaire, qui selon Mendras participerait de la constellation centrale ou moyennisation de la société, tend de plus en plus à se confondre avec une zone de prolétarisation. Non que nous agitions le spectre de la paupérisation absolue de la

---

[27] Henri Mendras, *La seconde Révolution française. 1965-1984*, Gallimard, 1994.

société française, mais nous constatons une tendance à la polarisation, lisible dans les phénomènes de déclassement et de reclassement. La fragilité des catégories populaires et le ralentissement de l'aspiration vers le haut sont le résultat de l'extension massive du chômage.

Notre enquête corrobore le fait que la population des allocataires ou plus largement celle des chômeurs est, selon l'analyse de L. Chauvel, une population qui tend à se stabiliser dans l'instabilité. L'explosion des emplois précaires et la restriction de la protection sociale permettent un glissement de plus en plus fluide entre *la constellation des catégories populaires* et la constellation des pauvres, créant de nouveaux clivages au sein de la population salariée, entre une frange de salariés *protégés* et une frange de salariés *fragilisés et pauvres*.

On retrouve ici l'analyse de Robert Castel qui à propos de désaffiliation suggère de renvoyer l'analyse des trajectoires individuelles à l'observation de dynamiques plus larges.

« *... Être attentif aux points de bascule qui génèrent des états limites ... dans cette perspective, la zone de vulnérabilité occupera une situation stratégique. Réduite ou contrôlée, elle permet la stabilité de la structure sociale, soit dans le cadre d'une société unifiée (une formation dans laquelle tous les membres bénéficieraient de sécurités fondamentales), soit sous la forme d'une société duale consolidée (une société du type de Sparte, où n'existeraient guère de positions intermédiaires entre celle des citoyens à part entière et celles d'îlots fermement tenus). Au contraire, ouverte et en extension, comme c'est apparemment le cas aujourd'hui, la zone de vulnérabilité alimente les turbulences qui fragilisent les situations acquises et défont les statuts assurés. Le constat vaut pour la longue durée. La vulnérabilité est une houle séculaire qui a marqué la condition populaire du sceau de l'incertitude, et le plus souvent du malheur*[28] ».

---

[28] Robert Castel, débat sur le revenu minimum inconditionnel organisé par la revue *Mauss*, fin décembre 1995, publié par cette revue en 1996. p. 174 à 187.

Nous verrons à quel point resituer l'analyse de l'exclusion ou mieux, de la désaffiliation dans la crise systémique, nous permet de voir les stratégies à l'œuvre entre la mise en concurrence des espaces et des hommes et l'idéologie sécuritaire qui trouve sa traduction dans l'organisation des espaces urbains correspondant à la recherche d'une alliance entre *les super-élites* et les couches moyennes. Il s'agit, en effet, de créer une zone tampon entre lesdites super-élites et la zone de turbulence qui ne cesse de s'étendre. Entre la description de Mendras d'une société unifiée, en somme celle de la génération des trente glorieuses, et une société duale avec ses îlots bien tenus tant dans les banlieues que dans les protectorats internationaux, il existerait toute une zone de vulnérabilité. Là se renforceraient les conditions de l'exploitation capitaliste. Dans les zones de vulnérabilité des pays riches, l'État jouerait les philanthropes en accordant à un prolétariat citoyen un revenu minimum inconditionnel. Celui-ci, sauf dans les rêves fous de libertaires généreux, déboucherait nécessairement sur des revenus de complément, travail au noir, petits boulots, tout un informel urbain. Au-delà de la résurgence des petits boulots urbains, le travail clandestin permet de faire baisser le coût de la force de travail globale. Il dénoue ce type d'activités de tout système de protection et assure de ce fait aux salariés mieux protégés des services et produits à moindre coût.

L'enquête que nous avons menée sur les Rmistes du centre-ville de Marseille a ici la fonction d'adjuvant épistémologique. En d'autres termes, elle prétend s'inscrire en faux contre les idées reçues par l'entremise des faits observables. Il résulte de notre étude que la population Rmiste est prise entre la logique productiviste de la société globale, les enjeux de recomposition des fonctions et des activités urbaines et le traitement social de la pauvreté par l'État philanthrope.

Chapitre IV

L'emploi et la désaffiliation

Notre étude débute par l'analyse du rapport à l'emploi, non en tant que rapport technique de production mais comme support privilégié d'inscription dans la structure sociale. Cette étude nous permet d'écarter la thèse du *peuple quart-monde* et de nuancer la thèse de l'hérédité de l'exclusion.

Nous étudions dans ce chapitre, à partir des résultats de notre questionnaire, la représentation de l'emploi et celle de la situation de Rmiste suivant les générations. En effet, une partie des allocataires connaît le RMI dès son entrée sur le marché du travail ou, en tout cas, au début de sa carrière professionnelle. L'autre le connaît en milieu du parcours, la dernière le vit comme une sorte de préretraite. Ainsi selon la période de rencontre du RMI et la génération à laquelle les allocataires appartiennent, le RMI ne joue pas les mêmes fonctions, et les principaux intéressés en ont une perception différenciée qui peut traduire des changements plus profonds de l'ordre de ce que Castel appelle la *houle séculaire*.

Des chômeurs masqués par le statut de Rmiste

Si les allocataires perçoivent un revenu minimum d'insertion, ils n'en sont pas moins chômeurs pour la très grande majorité. Selon les chiffres de la CNAF, sur 100 bénéficiaires du RMI en décembre 1996, 69 cherchaient un emploi en janvier 1998[29]. Ce chiffre global marque le glissement d'une partie des allocataires dans le revenu minimum inconditionnel. Théoriquement il demeure bien d'insertion, même si notre observation de la CLI nous a permis de voir que l'injonction d'insertion s'accompagnait rarement d'une injonction d'emploi.

L'ambiguïté des chiffres globaux est telle qu'ils ne nous permettent pas toujours de saisir dans sa profondeur le

---

[29] Cédric Afsa, « L'insertion professionnelle des bénéficiaires du RMI », CNAF, 1999, p. 41.

phénomène du chômage. Qui est au chômage ? Depuis combien de temps ? A quelle période ce chômage intervient-il dans la vie des allocataires : en amont, en aval, au milieu de leur parcours professionnel ? Si le dispositif RMI se différencie de l'ANPE, il n'en reste pas moins un lieu d'accueil des chômeurs non indemnisés pour différentes raisons, jouant du coup le rôle que les ASSEDIC ne remplissent plus[30].

Ancienneté au chômage et dans le dispositif RMI des allocataires selon les générations (échantillon en %)

Chômage / RMI	25-34 ans	35-44 ans	45-60 ans
CHÔMAGE*			
Moins d'un an	39,2	17,3	11,5
De 1 à moins de 2 ans	25,0	33,3	16,7
De 2 à moins de 4 ans	24,3	21,3	25,0
De 4 à moins de 6 ans	5,4	17,3	29,2
6 ans et plus	6,1	10,7	17,7
Total	100	100	100
RMI			
Moins d'un an	51,2	25,0	35,3
De 1 à moins de 2 ans	24,4	27,5	18,6
De 2 à moins de 4 ans	18,3	17,5	19,6
De 4 à moins de 6 ans	3,7	20,0	16,7
6 ans et plus	2,4	10,0	9,8
Total	100	100	100

sont comptabilisés comme chômeurs tous les allocataires se classant comme tels.

---

[30] Cf. Bernard Friot, *Et la cotisation sociale créera l'emploi*, La dispute, 1998, p. 125. Nous pensons aussi à l'allocation unique dégressive.

Les chômeurs *de longue durée* sont aussi des allocataires du RMI de *longue durée*. Si la courbe du chômage de *courte durée* régresse de la génération la plus jeune à la génération la plus âgée, le chômage de longue durée effectue le chemin inverse. Nous avons donc un chômage ou un RMI de longue durée plus important pour les générations qui se situent à la sortie de la vie active et un chômage plus court pour les générations qui se situent à l'entrée de la vie active. Les jeunes allocataires qui sont la majorité ne restent pas aussi longtemps dans le dispositif RMI que les autres générations.

Le chômage des jeunes est préoccupant. Les jeunes de plus en plus fréquemment rencontrent chômage et RMI à leur entrée dans la vie active, sans parler des petits boulots ou autres travaux précaires. Il s'agit d'une forme d'initiation à la flexibilité. Mais une situation plus préoccupante encore est celle des *travailleurs vieillissants* qu'ils sont appelés à devenir (en particulier le taux de chômage des 45-60 ans).

« *Telle est bien la question que pose le sort des travailleurs vieillissants aujourd'hui rejetés hors de l'emploi : sont-ils les éclaireurs d'une masse émergente qui, dans dix ans, lorsque ce sera au tour des cohortes des années cinquante d'aborder cet âge représentera un poids autrement plus lourd ? (...) Quelles seront donc les conséquences du vieillissement pour les cohortes plus récentes, et en leur sein pour les travailleurs les moins qualifiés, qui ne connurent jamais le modèle du plein emploi et qui arrivent progressivement à un âge avancé sans jamais avoir connu d'intégration durable dans une entreprise ?* »[31]

Si l'on peut relativiser la situation des jeunes allocataires du RMI en regard de celle, dramatique, des travailleurs vieillissants, cette situation constitue un *point de bascule* du lien social. Il y a d'abord un allongement de l'insertion sociale et professionnelle. On le constate pour les trois générations d'allocataires. Le nombre de Rmistes qui ont occupé un emploi dès la fin de leur scolarité n'a cessé de décroître de la génération 45-60 ans à la génération 25-34 ans. En effet, 69,5 % des allocataires de 45-60

---

[31] Louis Chauvel, *Le destin des générations*, op. cit., p. 74.

ans occupaient un emploi dès la fin de leur scolarité, contre 51,9 % pour les 35-44 ans et 38,5 % des 25-34 ans. Les allocataires du RMI ont un temps d'insertion plus long mais le mouvement a touché l'ensemble de la société. Si les jeunes allocataires ont une transition qui dure encore plus longtemps, c'est parce qu'ils sont peu ou pas diplômés.

« Si le temps nécessaire à l'insertion professionnelle s'est allongé pour toutes les catégories de jeunes, cet allongement est d'autant plus fort qu'on descend dans la hiérarchie des diplômes »[32].

Scolarité, diplôme et bénéficiaire du RMI

Les allocataires sont peu diplômés, mais transformer cette absence relative de diplôme en absence de qualification est erroné. Dans les années 60 et 70, toute la littérature en sociologie du travail s'interrogeait sur les qualifications ouvrières. Les mêmes années dans *Économie et statistique*, on pouvait lire des articles montrant la complexité de la définition des qualifications puisqu'il fallait non seulement tenir compte des formations et des postes mais aussi des reconnaissances acquises. Le cas souvent cité étant celui des dockers qui, par suite de luttes, passent à la libération d'un statut très dévalorisé à une haute qualification. Dans les années 90, au contraire, des simplifications radicales et pour le moins abusives conduisent de nombreux travaux à considérer que l'ensemble des ouvriers et des employés constitue les non qualifiés[33]. Environ deux tiers de la population active française sont considérés comme non qualifiés. Même si l'on prend en compte, dans le cadre des enquêtes *Emploi* de l'INSEE, le seul critère d'un diplôme, on s'aperçoit qu'en 1994, il y a presque un tiers de diplômés chez les ouvriers

---

[32] C. Baudelot, « La jeunesse n'est plus ce qu'elle était : les difficultés d'une description », *Revue économique*, 1, 1988, p. 189-224.
[33] H. Sneessens et F. Shadman Mehta : *Pénurie de main-d'œuvre qualifiée et persistance du chômage*. Rapport final d'une communication au Commissariat au Plan, 1993 ; dans *Économie et Statistique* mais en 1997, l'article de F. Mihoubi : « Coûts des facteurs et substitution capital-travail : une analyse sur le secteur manufacturier », n° 301-302.

et les employés. Cette définition par le diplôme reste tout à fait restrictive par rapport à la définition des qualifications dans les années 60 et 70. Nous y voyons encore un indice de la défaite ouvrière des années 80.

Avoir un diplôme du supérieur en 1999 et en 1960 n'a pas les mêmes incidences sur la vie professionnelle des individus. Avoir un niveau CEP en 1950 et avoir un BEPC en 1999 ne mène pas au même destin professionnel et social. Outre le fait que le diplôme n'est qu'une partie de la qualification, il doit être resitué dans la dynamique des transformations du système éducatif dans ces dernières décennies. Il est clair que le diplôme a pris une importance grandissante dans la définition des qualifications professionnelles, bien qu'il ne soit pas une garantie d'obtenir un poste équivalent à son niveau.

« Le décalage entre les aspirations que le système d'enseignement produit et les chances qu'il offre réellement est, dans une phase d'inflation des titres, un fait de structure qui affecte, à des degrés différents selon la rareté de leurs titres et selon leur origine sociale, l'ensemble des membres d'une génération scolaire. Les classes venues nouvellement à l'enseignement secondaire sont portées à en attendre, par le seul fait d'y avoir accès, ce qu'il procurait au temps où elles en étaient pratiquement exclues. Ces aspirations qui, en un autre temps et pour un autre public, étaient parfaitement réalistes, puisqu'elles correspondaient à des chances objectives, sont souvent démenties, plus ou moins rapidement, par les verdicts du marché scolaire ou du marché du travail »[34].

Ce constat effectué par Pierre Bourdieu à la fin des années 70 a encore gagné en acuité. Il faut analyser la mise à l'écart des bénéficiaires du RMI diplômés en prenant en compte d'autres variables que le seul diplôme :

« Hors du marché proprement scolaire, le diplôme vaut ce que vaut économiquement et socialement son détenteur, le rendement du capital scolaire étant fonction du capital

---

[34] Pierre Bourdieu, *La distinction*, Éditions de Minuit, 1979, 3 Ibid., p. 151.

économique et social qui peut être consacré à sa mise en valeur » (Bourdieu. ouvrage cité. p. 151)

Diplôme et âge de fin d'études des allocataires
selon leur génération, échantillon en %

Génération Diplôme	25-34 ans*	35-44 ans*	45-60 ans*
DIPLÔMES			
Aucun	26,5	51,9	60,2
CEP-BEPC	4,8	13,6	19,4
CAP-BEP	32,5	19,8	11,7
BAC	18,7	7,4	2,9
Supérieur	17,5	7,4	5,8
Total	100	100	100
AGE FIN D'ÉTUDES			
14-16 ans	16,4	48,7	57,5
17-20 ans	46,5	38,2	35,0
Plus de 20 ans	37,1	13,2	7,5
Total	100	100	100

* *Les 25-34 ans correspondent aux générations nées entre 1965 et 1974 ; les 34-45 ans correspondent aux générations nées entre 1955 et 1964 ; les 45-60 ans correspondent aux générations nées entre 1939 et 1954.*
Données sur la population française globale : pour les générations nées entre 1940 et 1955, le taux des sortants du système éducatif était autour des 20 %, les diplômés d'un CEP, CAP ou BEPC étaient autour des 50 %. A la fin des années soixante le taux de sortants du système éducatif sans diplômes était de

20 %. *Le taux de bacheliers est passé de 11 % à 37 % sur la période qui couvre les générations 35-44 ans et 45-60 ans. Il ne s'agit pas de comparer ces chiffres (qui portent sur l'ensemble de la population scolarisée aux périodes données) aux chiffres de la population des allocataires du RMI.*

L'accroissement des diplômés bénéficiaires du RMI ne marque pas seulement la dévalorisation des diplômes, mais il s'explique aussi par l'importance du nombre des jeunes bénéficiaires du RMI : ces jeunes sont globalement plus diplômés que leurs aînés.

Les 45-60 ans correspondent aux générations nées entre 1939 et 1954 :

« *Cesser ses études précocement entre l'âge de 14 et 15 ans, n'était pas discriminant, au temps de leur jeunesse, puisqu'il ne conduisait pas à l'échec social et à l'exclusion : les individus concernés trouvaient à se placer dans le système productif sans trop de difficultés, entre les années 1955 et 1970. Plein emploi oblige, ils pouvaient ainsi obtenir rapidement une insertion professionnelle avec le SMIC, comme filet de protection minimale de leur revenu* »[35].

Les 60,2 % des allocataires n'ayant aucun diplôme, appartenant à la génération des 45-60 ans, ne peuvent pas être comparés aux 29,5 % des allocataires non diplômés appartenant à la génération des 25-34 ans. Ainsi le taux des diplômés et l'âge de fin d'études n'ont cessé d'augmenter tout au long des trois périodes couvrant nos générations. Toutefois, si le sort des plus âgés à la fin de leur scolarité était plus enviable que celui des jeunes générations (69,5 % des 45-60 ans ont occupé un emploi dès la fin de leur scolarité, contre 51,9 % des 35-44 ans et 38,5 % des 25-34 ans), leur scolarité aura pesé sur leur vie professionnelle. En effet, si le niveau de qualification scolaire des 45-60 ans n'a eu qu'une faible incidence sur leur entrée dans la vie active, il aura influé sur leur sortie prématurée du monde

---

[35] Louis Chauvel. *Le destin des générations*, op. cit., p. 109.

du travail. Les 45-60 ans ont été rattrapés par leur histoire scolaire. Si le diplôme n'a pas automatiquement déterminé la carrière professionnelle, son manque reste à la base de l'exclusion du marché du travail légal.

Que faut-il penser de l'idée qu'il y aurait un afflux massif de jeunes diplômés dans le RMI ? Le mouvement existe mais il correspond à l'extension de la scolarisation des jeunes catégories. Les tenants d'un titre du supérieur se retrouvant au RMI ne sont pas n'importe quels diplômés. Bien qu'ils soient majoritairement fils et filles de cadres supérieurs (56,3 %), la part des fils et filles d'ouvriers est sur-représentée (24 %) par rapport à celle des enfants de cette catégorie dans le supérieur. Mais le fait le plus marquant, qui valide l'analyse de Pierre Bourdieu sur la manière dont le diplôme doit être mis en valeur économiquement et socialement, est que ces allocataires diplômés du supérieur, qu'ils soient enfants de cadres ou de catégories populaires, semblent n'avoir pas bénéficié des réseaux familiaux d'insertion professionnelle. Les diplômés du supérieur enfants de cadre ont pour 34,1 % leur père à la retraite depuis cinq ans au moins, et dans 9,3 % des cas il est décédé. Les parents ne se trouvant plus dans leurs milieux professionnels n'ont pas pu faire bénéficier leurs enfants de leurs réseaux. Nous avons eu depuis le début du siècle des ruptures de plus en plus marquées entre l'activité professionnelle des parents et celle des enfants, le passage d'abord de l'univers domestique agricole ou artisanal à l'usine, aux industries portuaires pour Marseille. Il est à noter que le monde ouvrier fréquemment accusé de corporatisme a toujours tenté de reconstituer les solidarités familiales à l'embauche, c'était vrai pour les dockers mais également pour d'autres métiers du port ou de la ville[36]. Les diplômés Rmistes enfants des catégories populaires ou de catégories autres que celles des cadres ont la lourde charge de se constituer eux-mêmes les réseaux professionnels à travers

---

[36] Ainsi les traminots de Marseille (employés des transports de voyageurs urbains) ont obtenu un droit prioritaire à l'embauche pour leurs enfants. Ce qui rend difficile les multiples tentatives de la ville et des patrons de la RTVM de créer un double statut chez les employés, en embauchant les nouveaux avec un statut moins favorable. Les grèves sont largement suivies puisque les nouveaux embauchés font partie de la famille des salariés embauchés depuis plusieurs années.

lesquels ils peuvent valoriser leurs diplômes. Ils ont plus de chance d'avoir un emploi qui ne correspond pas à leur qualification ; ils font, les premiers, les frais de la concurrence des titres scolaires sur le marché du travail. Ces observations nous permettent de confirmer la pertinence du thème de la désaffiliation mis en évidence par Robert Castel, en particulier la manière dont historiquement les nouvelles phases d'exploitation de la force de travail passent par le dynamitage des solidarités sociales, qu'elles soient familiales, de voisinage ou de classes, toutes formes bien souvent confondues.

Emploi : les générations de la transition

La situation des bénéficiaires du RMI, en particulier celle des jeunes allocataires, nous paraît constituer un point de bascule de la société. Les allocataires ne sont pas les *héritiers* d'une situation de chômage qui se transmettrait de génération en génération. Leur propre parcours professionnel est marqué par des périodes d'activité plus importantes que les périodes d'inactivité. Notre enquête contredit largement un discours mettant en exergue des *handicapés sociaux* qui n'ont jamais connu le monde de l'emploi, ni par expérience personnelle, ni à travers la famille, et que nous devrions socialiser de toute urgence. Nous sommes bien dans le cas de la désaffiliation décrite par Castel. Il ne s'agit pas de gens incapables de rentrer dans le monde du travail par suite de déficiences physiques ou psychiques dues à l'âge ou la maladie. Ils ne relèvent pas d'une *handicapologie* qui regrouperait des parcours très différents mais dont le critère commun serait d'être pris en charge par des travailleurs sociaux. Une telle population, dit Castel, peut être embarrassante : elle ne pose pas la question sociale, celle de la nature du lien social. En revanche, il existe les autres, ceux condamnés à l'errance du travailleur précaire en quête d'une occupation qui se dérobe ; ceux-là relèvent du vagabondage, de la dangerosité prolétarienne. Nous avons vu que la problématique de l'exclusion revenait à transformer en *handicapologie* ce qui était la forme paroxystique d'un conflit social, et qui se traduisait par l'errance, le chômage non indemnisé. Faire de l'exclu l'héritier d'une famille elle-même vouée à l'exclusion, c'est en quelque sorte créer une *race* d'exclus. On comprend la facilité avec laquelle on peut lier à une problématique de l'exclusion une problématique en termes d'ethnicité.

Notre enquête a montré que le statut du Rmiste est marqué par la précarité. Son problème n'est pas tant d'avoir un emploi que d'en avoir un stable. Entre la fin de leur scolarité et le moment de l'enquête, 61,3 % des 25-34 ans ont occupé plus de trois emplois (14,1 % de trois à cinq emplois, 47,2 % plus de cinq) ; 72,7 % des 35-44 ans ont occupé plus de trois emplois (11,7 % de trois à cinq emplois, 61 % plus de cinq) ; 78,1 % des 45-60 ans ont occupé plus de trois emplois (13,5 % de trois à cinq emplois, 64,6 % plus de cinq).

Les politiques d'insertion sont de plus en plus basées sur le fait qu'il s'agit de mettre ou de remettre l'individu en contact avec le monde du travail. Les solutions préconisées sont le plus souvent à l'origine de la dégradation de l'emploi (par exemple les TUC, les contrats emploi solidarité, les contrats emploi consolidé ou encore les emplois jeunes).

« Plus de la moitié des emplois précaires sont donc en fait des emplois aidés destinés à favoriser l'insertion des chômeurs. En d'autres termes, ils sont au croisement de deux discours contradictoires. Le premier est celui des chômeurs eux-mêmes, qui voient dans ces emplois à garanties réduites le chemin d'un retour possible sur le marché du travail. Le second discours, moins explicite, rejoint un non-dit patronal qui utilise de plus en plus ces emplois d'insertion comme un mode de recrutement banal qui a l'avantage de les dispenser d'un engagement à long terme : pour bien des employeurs, ce que les chômeurs interprètent comme des emplois d'insertion sont en réalité des emplois temporaires, autrement dit des emplois précaires »[37].

Cependant, les emplois précaires ne représentent que 9,4 % des emplois salariés (ils sont passés de 1993 à 1997 de 7,2 % à

---

[37] Anne-Marie Grozelier, *Pour en finir avec la fin du travail*, Éditions de l'Atelier, 1998, p. 50.

9,4 %), et si en matière de stock d'emplois ils demeurent minoritaires, ils s'étendent en matière de flux. On les retrouve d'abord dans le secteur tertiaire, ne serait-ce que parce que les agences d'intérim sont recensées dans ce secteur. Le taux d'emplois précaires n'est pas pertinent en lui-même. L'intérêt de cet indicateur est qu'il permet des projections. Si le nombre d'emplois précaires est inférieur à 10 %, le nombre de chômeurs qui sortent de l'inactivité par ce type d'emploi est six fois, voire sept fois supérieur.

L'entrée dans la vie active de la population la moins qualifiée passe par un emploi à contrat à durée déterminée.

Durée d'emploi la plus longue des allocataires - type de contrat signé - raison de la perte de cet emploi, selon les générations (échantillon en %)

Génération	25-34 ans	35-44 ans	45-60 ans
DURÉE DE L'EMPLOI			
Moins de 2 ans	26,7	10,3	10,3
2 à moins de 4 ans	31,9	30,8	15,2
4 à moins de 10 ans	24,4	39,7	41,4
10 ans et plus	17,0	19,2	39,4
Total	100	100	100
TYPES DE CONTRATS			
CDD	42,4	26,6	13,1
CDI	30,9	44,9	64,6
Vacations	5,0	23,1	21,2
Autres*	21,6	5,1	1,0
Total	100	100	100
RAISON DE LA PERTE			
Licenciement	12,9	34,6	52,5
Fin de contrat	47,5	19,2	6,1
Départ volontaire	25,9	29,5	17,2
Autres	13,7	16,7	24,2
Total	100	100	100

* Cette catégorie comprend les CES, TUC et contrats d'apprentissage.

Les 45-60 ans qui ont connu dans leur grande majorité l'emploi stable et de longue durée se retrouvent au chômage après un licenciement. Les 35-44 ans sont déjà moins nombreux mais restent majoritaires à avoir connu un emploi stable, même si sa durée a baissé ; leur arrivée au chômage fait suite à un licenciement. Les 25-34 ans témoignent d'une époque, celle de la fin de l'emploi stable. Les allocataires ne sont pas tous d'anciens précaires. Là encore, l'effet générationnel est fort : ce sont les jeunes qui sont entrés dans un système dominé par le CDD et autres CES, emplois aidés dans des périodes de travail inférieures à quatre ans.

Cette population Rmiste a été touchée en priorité par des phénomènes de recomposition du salariat, et ceci parce qu'elle a occupé des postes d'ouvriers et d'employés. Dans la région PACA, où les allocataires ont occupé pour l'essentiel ces emplois, les secteurs d'activité dans lesquels ils exerçaient ont connu des baisses importantes d'effectifs[38]. L'importance du taux de licenciement connu par les générations les plus anciennes témoigne de ces restructurations liées aux gains de productivité et à l'abandon d'activités secondaires plus particulièrement. Les 35-44 ans et les 45-60 ans de notre échantillon ont occupé des emplois dans l'agriculture maraîchère, la construction, le bâtiment et l'ensemble des activités portuaires. Il ne s'agit pas nécessairement d'une population déqualifiée. Ne confondons pas diplôme et qualification. Pour ces catégories le diplôme n'était qu'une part de la qualification réelle, d'autres éléments, comme la formation *sur le tas* et la reconnaissance de ladite qualification dans le rapport capital-travail, faisaient partie de cette qualification. Nos deux générations les plus anciennes ont pu, comme certains soudeurs, avoir une très haute qualification.

Les 25-34 ans entrent dans une nouvelle histoire où qualification et diplôme se confondent de plus en plus sans que pour autant le diplôme assure la sécurité de l'emploi.

---

[38] *Données sociales.* INSEE SUD. 1997.

« *Dans le nouveau système productif qui repose sur le juste-à-temps et la sous-traitance il n'y a ni temps ni place pour l'apprentissage ou pour l'accueil des personnes menacées d'exclusion ; encore moins pour les illettrés dont les constructeurs interdisent tout simplement l'embauche* »[39].

Le nombre de CDD que connaît cette génération, plus diplômée que les deux autres, s'explique par l'explosion de la sous-traitance. L'externalisation de la gestion de la main-d'œuvre en est l'exemple (multiplication depuis une dizaine d'années des agences d'intérim et de travail temporaire recensées dans le tertiaire). Quand on parle à propos de cette génération *d'insertion professionnelle* il s'agit rarement du premier contact avec le monde du travail, mais ce contact se fait dès le début par la précarité, les emplois aidés, le travail au noir. La seule insertion qui aurait un sens serait celle qui passe par des emplois stables. Cependant, ce qui est proposé au titre de l'insertion ne sert qu'à légaliser cette précarité. On constate que l'arrivée dans le dispositif RMI n'est pas le seul fait des *handicaps* des allocataires ou de la conjoncture économique, il s'agit bien d'une recomposition instituée du marché du travail. Les allocataires ne sont pas des échappés du quart-monde mais les postes avancés d'un nouveau salariat marqué par la précarité ainsi que d'emplois relevant de la solidarité nationale. Entre ces trois générations, il y a un télescopage de modèles : celui des trente glorieuses et celui de la précarité devenue base d'une sur-exploitation. On confond d'ailleurs volontairement cette situation nouvelle avec celle du taux d'activité des générations. Le taux d'activité des 25-59 ans durant les années 60 était de 67 % alors qu'il est aujourd'hui de 70 %[40].

La question que nous devons nous poser est celle de la fonction remplie par le RMI pour ces catégories. A la suite de notre enquête, il nous apparaît que cette allocation fait fonction de préretraite pour les plus âgés et de revenu minimum universel pour les plus jeunes.

---

[39] Anne-Marie Grozelier, *Pour en finir avec la fin du travail*, op. cit., p. 115.
[40] Bernard Friot, *Puissances du salariat*, La Dispute, 1998.

L'histoire des allocataires marque fortement la représentation de leur statut de Rmiste. L'arrivée dans le RMI se faisant dans des périodes différentes de la vie, les positions sont différentes. Les trois générations de Rmistes disposent d'un revenu mensuel qui ne dépasse pas 3 800 francs pour la majorité d'entre eux (73,8 % des 25-34 ans, 64,54 % des 35-44 ans et 76,5 % des 45-60 ans). Le revenu minimum est un revenu de survie, du moins c'est ainsi qu'ils le jugent (60,7 % des 25-34 ans, 62,2 % des 34-44 ans et 67,3 % des 45-60 ans), ce jugement correspond en tout au souhait émis par les pouvoirs publics lors de la création du RMI : ce dernier ne doit pas entraîner une désincitation à la recherche d'un emploi. Au cours de notre enquête nous avons été frappés par le nombre relativement élevé de personnes qui déclaraient avoir ou avoir eu en complément un travail au noir (14,2 % des 25-34 ans ; 7,5 % des 35-44 ans et 12,5 % des 45-60 ans). De tels chiffres concernant des individus qui spontanément, sans que l'enquête l'aie prévu expressément, déclarent un travail au noir, prouvent que celui-ci est probablement plus courant et que de plus en plus le revenu minimum d'insertion tend à fonctionner comme un revenu minimum inconditionnel[41]. Sandrine Garcia appelle ce phénomène la fraude forcée :

« *Victimes à la fois d'une logique productiviste qui gagne à se passer de main-d'œuvre, et des catégories construites par l'État dans le traitement social de la misère ou tout simplement des formes de soutien à l'emploi, les acteurs les plus démunis en capital culturel, social, économique et symbolique sont aujourd'hui enfermés dans une sorte de double blind qui les condamne à choisir entre la pauvreté et diverses formes de contournement de la légalité* »[42].

Sans solliciter les faits, ne peut-on pas voir dans cette déclaration de travail au noir un refus de la stigmatisation du

---

[41] La loi contre l'exclusion, initiée par le gouvernement Juppé et concrétisée par le gouvernement Jospin, prend en compte cet aspect de revenu complémentaire que joue le RMI. Dans le cadre de cette loi, il a été institué la règle dite de l'intéressement qui permet de cumuler un revenu tiré du travail et l'allocation RMI. Par exemple les contrats emploi solidarité bénéficient de cette règle de l'intéressement. Un pas franchi vers l'allocation inconditionnelle pour les bas salaires.
[42] Sandrine Garcia, « La fraude forcée », *Actes de la Recherche*.

RMI et la remise en cause du thème de l'isolement plébiscité par les travailleurs sociaux ?

Cette interprétation peut être corroborée par la manière dont la population de notre échantillon interprète son passage dans le RMI.

Perception du RMI par les allocataires selon les générations
(échantillon en %)

Génération Perception	25-34 ans	35-44 ans	45-60 ans
SUR LE STATUT			
de transition	90,2	72,8	53,9
durable	5,5	17,3	40,2
autre	4,3	9,9	5,9
Total	100	100	100
RÉPERCUSSIONS			
aucune	38,1	24,5	36,7
vie professionnelle	23,8	23,4	12,5
vie de retraité	20,6	29,8	34,2
vie personnelle	17,5	22,3	16,7
Total	100	100	100
LE CHANGEMENT PASSE PAR			
emploi	84,5	78,8	57,1
formation	8,1	8,8	5,1
augmentation des minima sociaux	3,1	5,0	17,3
nouveaux doits	4,3	7,5	20,4
Total	100	100	100

Si l'ensemble des allocataires vit le RMI comme une phase de transition, il paraît assez normal que des disparités apparaissent suivant les générations. Il est tout aussi évident que les chômeurs de longue durée de plus de 45 ans pensent que leur situation est irréversible et qu'ils passeront d'un revenu minimum d'insertion à un revenu minimum vieillesse. L'inquiétude des allocataires est légitimement tournée vers les répercussions sur les retraites. La durée dans le dispositif pèse sur les cotisations. Les répercussions sur la vie professionnelle sont moins attendues.

Pour les jeunes générations, l'emploi continue à être la seule piste pour sortir de la précarité. Les jeunes mettent davantage en avant les répercussions du RMI sur leur vie professionnelle. Les 25-34 ans pensent que leur passage dans le dispositif constitue un frein à l'emploi. Leur situation d'allocataire est vécue comme stigmatisante. Ce sont surtout les plus diplômés (43 % des diplômés du supérieur pensent que le RMI constitue un frein à l'emploi) qui vivent ce passage comme un déclassement. Ce constat doit être mis en relation avec le faible pourcentage de gens estimant que l'issue passe par la formation. Cette solution d'amélioration par la formation est négligée par les 45-60 ans. Le pourcentage chez les 25-34 ans est à peine plus élevé. Il montre que pour ces derniers, il existe une prise de conscience que le dispositif pèse sur leurs ambitions professionnelles et salariales. En particulier les plus diplômés, quand ils parlent du RMI comme frein à l'emploi, pensent à l'emploi correspondant à leur qualification. Les 25-34 ans sont seulement 42,4 % à poser l'emploi *stable* comme solution contre 66,7 % des 35-44 ans et 76,5 % des 45-60 ans. Un autre effet pervers de ce système est la manière dont il entraîne la dévaluation des formations. Alors que les experts ne cessent de répéter que l'avenir passe par des alternances emploi-formation exigées par le développement scientifique et technique, et que la mobilité positive passe par la capacité des individus à se reconvertir plusieurs fois dans leur vie professionnelle, une véritable caricature de ce futur glorieux se réalise concrètement sous forme de pression sur la stabilité de l'emploi, de formations *bidons*, d'occupations aidées, de précarité en tout genre.

Chapitre V

La ville : un lieu de captivité

Nous avons vu que le RMI est une mesure globale mais dont l'application est sectorielle. Le dispositif RMI appelle des découpages en commissions locales d'insertion, puisqu'il se doit d'agir sur le terrain de l'exclusion. De ce fait, le droit de l'allocataire est territorialisé ; il s'exerce dans le cadre du territoire de la CLI dont l'allocataire est, en quelque sorte, le citoyen. Ainsi un allocataire qui quitte son lieu de résidence et sort du territoire de la CLI dont il dépend est dans l'obligation de reconstituer une nouvelle demande d'allocation, perdant l'ancienne.

A l'effet de territorialisation des droits s'ajoute celui de la captivité par la pauvreté. Si la mobilité géographique semble être une vertu dans le contexte de la mondialisation, elle reste principalement le fait des migrants provenant des pays pauvres. Les mouvements des populations Rmistes se cantonnent aux enceintes de la ville. Dans le cas de Marseille, l'effet de territorialisation des droits des allocataires accroît la centralité du 1er et du 2e arrondissement. Mais comme nous allons le voir de façon concrète à travers la question du logement ou de la santé, la captivité des bénéficiaires du RMI est renforcée par les transformations de la structure familiale ou encore par l'allongement de la jeunesse. L'étude par génération nous permet de mettre en évidence tous ces effets de territorialisation, ainsi que les facteurs qui y contribuent.

Le logement

Avoir un logement n'est pas forcément le signe d'une insertion. En être privé relève en revanche d'une grande précarité. La question du logement, quoiqu'elle préoccupe les allocataires, n'a pas les mêmes incidences selon les générations.

De façon générale le logement constitue pour les jeunes générations un poids plus lourd financièrement à supporter que pour les générations précédentes. Louis Chauvel met en évidence ce phénomène dans son ouvrage, *Le Destin des générations :*

> « Alors que les dépenses pour le logement paraissent se situer à l'opposé du modèle même du mode de vie jeune, orienté vers l'extérieur du domicile, les jeunes en voient le poids financier s'alourdir, tandis que les âgés connaissent une moindre expansion, bien que le mode de vie âgé soit, dans les représentations communes en tout cas, caractérisé par une certaine réclusion au domicile.
> La jeunesse devient-elle vieille et les vieux se font-ils jeunes ?... »[43].

Cette remarque ne peut être appliquée sans nuance à la population Rmiste. Ayant un revenu faible, le logement constitue une charge importante pour l'ensemble des allocataires. Toutefois, accéder à un logement n'a pas la même signification pour un allocataire appartenant à la génération des 25-34 ans que pour un allocataire appartenant aux 45-60 ans. L'articulation entre pauvreté et logement se traduit de façon différenciée pour les trois générations. La question posée par Chauvel sur le vieillissement de la jeunesse et le rajeunissement de la vieillesse peut être posée à propos des allocataires du RMI.

La situation de précarité dans laquelle se trouvent les allocataires retarde, pour les jeunes, l'entrée dans la vie adulte et rajeunit les modes de vie liés à l'habitat des plus âgés.

---

[43] Louis Chauvel, *Le Destin des générations*, op. cit., p. 180.

Situations de logement selon les générations (échantillon en %)

Situations \ Générations	25-34 ans	35-44 ans	45-60 ans
Locataire	72,0	76,5	69,6
Propriétaire	4,3	11,1	16,7
Logé à titre gratuit	23,8	12,3	13,7
Total	100	100	100
T 1	35,8	38,4	40,2
T 2	36,4	21,8	30,1
T 3	20,4	28,2	21,7
T 4	7,4	11,5	8,0
Total	100	100	100
Marié	16,0	21,0	35,3
Célibataire	45,1	39,5	16,7
Divorcé	13,6	25,9	41,2
Union Libre	25,3	13,6	6,9
Total	100	100	100

Les différentes générations connaissent une situation quasi équivalente dans le domaine du logement. Cette homogénéité est renforcée par une situation matrimoniale qui rapproche la génération la plus âgée et la génération la plus jeune.

Si le départ du domicile ou l'autonomie résidentielle sont retardées pour les 25-34 ans, les générations les plus âgées retournent à un mode d'habitat de *jeune*. Les 25-34 ans sont 72,2 % à occuper un T1 ou un T2, les 45-60 ans sont 70,3 % dans la même situation. Au crédit des similitudes entre ces deux générations, il faut ajouter la situation matrimoniale : 58,7 % des 25-34 ans sont célibataires ou divorcés et 57,9 % des 45-60 ans sont dans la même situation. Les 25-34 ans et les 45-60 ans sont locataires de logements de petite taille et ne vivent pas ou plus en couple (rappelons que, comme nous l'avons vu dans le troisième chapitre, il faut considérer avec précaution cette catégorie d'isolés).

Le fait de partager la même situation vis-à-vis du logement ne signifie pas pour autant que les fonctions remplies par les conditions d'habitat soient les mêmes pour ces deux générations : pour les *jeunes* il s'agit d'un accès à l'autonomie résidentielle que leur a permis le RMI, pour les *vieux* il s'agit d'un retour à des conditions de vie de *jeunes* qui, le plus souvent, ne sont pas le fait des volontés individuelles, mais plutôt de la situation financière.

Ces logements peuvent être considérés comme des logements « d'insertion dans la vie adulte » pour les plus jeunes, et des logements de « *précarisation* » pour les plus *vieux*. Les 35-44 ans constituent une catégorie intermédiaire. Ils ne sont plus dans une période « d'insertion dans la vie adulte » par le logement et ils ne sont pas complètement dans un retour aux modes de vie liés à l'habitat des plus *jeunes*. Cette génération se différencie par le fait qu'elle concentre les allocataires vivant en couple et ayant des personnes à charge (en nombre plus important que les deux autres générations). 34,6 % d'entre eux vivent en couple et 31,3 % d'entre eux ont plus de deux personnes à charge contre 18,7 % pour les 25-34 ans et 24,3 % pour les 45-60 ans. Si la situation de logement des 35-44 ans se différencie par rapport aux deux autres générations, elle n'est pas pour autant moins précaire : elle a plus de chance de connaître des situations de surpeuplement (des logements).

Mobilité résidentielle

La mobilité résidentielle des allocataires est une mobilité qui se limite aux frontières de la ville de Marseille. Les principaux déplacements des allocataires ont eu lieu à l'intérieur de la ville.

Indices de mobilité selon les générations (échantillon en %)

Générations Indices	25-34 ans	35-44 ans	45-60 ans
Lieu de provenance			
Marseille	42,4	45,0	42,9
même quartier	29,1	31,3	27,7
autres communes	24,8	16,3	22,8
autres pays	3,6	7,5	6,6
Total	100	100	100
Date d'occupation			
avant 1985	12,3	17,3	17,5
entre 1985 et 1993	13,5	11,1	14,3
entre 1994 et 1996	13,5	17,3	14,3
après 1996	60,7	54,3	53,9
Total	100	100	100

Quelle que soit la génération, la mobilité résidentielle est limitée à la zone marseillaise. La recherche du logement le moins cher justifie le déplacement d'un arrondissement central à un autre. La ville de Marseille attire surtout les 25-34 ans sans que l'on puisse parler d'écart significatif avec les autres générations. Les 25-34 ans choisissent Marseille comme lieu de résidence en raison des loyers, peu élevés dans cette ville par rapport à Aix-en-Provence ; en raison aussi des transports qui desservent facilement les zones périphériques et les villes environnantes. De façon plus large, il s'agit d'un attrait pour une grande ville où les liens de sociabilité sont plus nombreux et plus accessibles pour les *jeunes*.

Bien que plus de 60 % des jeunes soient installés depuis moins de deux ans sur les 1er, 2e et 3e arrondissements de Marseille, les autres générations ne sont pas forcément plus sédentaires. Cette mobilité des *jeunes* est une mobilité qui se joue entre le domicile des parents et le premier logement, cette indépendance est acquise grâce au revenu minimum d'insertion et aux droits qu'il ouvre en matière d'aide au logement. Ainsi, le fait que les jeunes se déplacent plus souvent que les 35-44 ans et que les 45-60 ans est un fait vérifiable, mais sans intérêt en lui-même. Est intéressant, en revanche, le fait que les *jeunes* s'installent fréquemment dans la ville où résident leurs parents.

Cette recherche de proximité familiale est renforcée par la délégation des politiques d'insertion vers le département dans un premier temps et vers le monde associatif. Ces politiques privilégient l'insertion locale, dans la ville et dans le quartier. Mais la décentralisation des politiques d'insertion ne peut à elle seule expliquer la mobilité résidentielle à Marseille. Le projet de réhabilitation entamé par la région, la ville et l'État n'est toujours pas arrivé à échéance. Les populations pauvres, loin de quitter le centre de Marseille, passent d'un quartier à un autre, d'un arrondissement à un autre. Nous reviendrons sur ce problème dans le chapitre consacré à la question du logement et au marché des taudis. La recherche de proximité familiale qui pèse sur la mobilité résidentielle des 25-34 ans ne doit pas être interprétée seulement à travers son aspect utilitariste.

« *C'est le résultat de notre enquête menée auprès des jeunes des quartiers nord de Marseille qui montre que l'histoire résidentielle et familiale des jeunes des milieux populaires contribue à structurer leurs perspectives ou attentes en matière de logement, mais aussi leurs chances et modalités d'accès* »[44].

Le statut matrimonial est un facteur qui peut s'avérer aussi déterminant, dans le parcours des allocataires, que ceux présentés jusqu'ici. 62,8 % des allocataires arrivés dans leur logement actuel après 1996 ont connu un changement de statut matrimonial depuis moins de trois ans.

---

[44] Thierry Blöss : *Les liens de famille*, PUF le sociologue, 1997.

Date d'occupation du logement actuel et lieu de résidence selon le statut matrimonial des allocataires (échantillon en %)

Statut matrimonial Date d'occupation	Marié	Célibataire	Divorcé	Union libre
Avant 1985	16,7	15,7	17,1	17,4
1985-1993	20,5	12,4	8,5	14,4
1994-1996	23,1	12,4	11,0	14,1
Après 1996	39,7	59,5	63,4	54,1
TOTAL	100	100	100	100

Les mariés sont les moins touchés par la mobilité résidentielle, étant majoritairement depuis plus de trois ans dans leur logement. Les célibataires et les divorcés, les catégories que le dispositif RMI classe parmi les isolés, occupent leur logement pour la très grande majorité depuis environ trois ans. Doit-on en inférer que le célibat et le divorce déterminent les mécanismes de mobilité résidentielle ? Ces deux catégories d'allocataires vivent seuls pour la majorité. La mobilité résidentielle les a conduits dans des logements de petite taille, au loyer modéré. C'est ainsi que nous les retrouvons dans le deuxième arrondissement de Marseille qui compte un nombre important de logements du studio au T2[45]. Les changements de statuts matrimoniaux sont facteurs de mobilité résidentielle, une mobilité que l'on retrouve chez tous ceux qui ne sont pas *stabilisés* par le mariage. La phase de transition dans laquelle se trouvent les allocataires influe, voire détermine, un certain nombre de comportements (statut matrimonial, logement, chômage...).

Cependant l'approche de la mobilité résidentielle des populations au RMI, et plus largement des populations pauvres,

---

[45] Rapport du Collège coopératif, *DIRMI*, 1995.

doit combiner l'ensemble des variables (proximité familiale, politique d'insertion, marché du parc locatif, situations familiales des bénéficiaires, générations). Le mérite de cette combinaison dans notre analyse est l'appréciation circonstanciée des mécanismes qui président à la mobilité résidentielle.

Les situations résidentielles et familiales des bénéficiaires influent sur les pratiques de santé. L'étude fondée sur les générations met en évidence ces mécanismes et les situe dans un aspect dynamique.

Santé et mobilité résidentielle

L'étude de la mobilité résidentielle ne suffit pas à décrire l'ensemble des mécanismes d'accès aux soins des allocataires, mais elle nous apporte des renseignements importants sur ce point.

Accès aux droits et aux soins selon la date d'occupation
du logement (échantillon en %)

	Avant 1985	1985-1993	1994-1996	Après 1996
Couverture complémentaire				
Oui	81,7	87,8	83,3	74,6
Non	18,3	12,2	11,7	25,4
Total	100	100	100	100
Médecin traitant				
Oui	75,0	72,9	69,4	54,1
Non	25,0	27,1	30,6	45,9
Total	100	100	100	100
Dentiste traitant				
Oui	55,9	56,3	49,0	34,6
Non	44,1	43,1	51,0	65,4
Total	100	100	100	100
Hospitalisation				
Oui	16,7	18,4	14,9	23,9
Non	83,3	81,6	85,1	76,1
Total	100	100	100	100

Le taux des allocataires ayant une couverture complémentaire n'est que de 74,6 % pour ceux qui occupent leur logement depuis trois ans ou moins. Ce chiffre s'explique non seulement par l'accession récente des Rmistes à un logement, mais par leur entrée dans le dispositif RMI (49 % des allocataires arrivés dans leur logement après 1996 sont au RMI depuis moins d'une année). Toutefois il ne s'agit pas là de l'information la plus intéressante.

Les allocataires arrivés après 1996 peuvent se répartir en deux catégories. Une catégorie majoritaire représentée par les *jeunes*, les 25-34 ans, et une catégorie des plus âgés, les 35-44 ans et les 45-60 ans, qui sont pour la grande majorité des divorcés. Pour ces deux catégories, l'arrivée dans un nouveau logement qui fait suite ou à une décohabitation, ou à un divorce, représente pour les uns une phase d'insertion dans l'*âge adulte*, pour les autres une phase d'*instabilité* matrimoniale. Ces deux catégories ont en commun qu'elles devaient constituer ou reconstituer des réseaux, d'amis, de voisins, de commerces, médicaux (médecins, pharmaciens, dentistes)... Le suivi médical effectué par un médecin ou un dentiste traitant peut constituer un atout important pour un meilleur accès aux soins. Les allocataires ayant un médecin traitant sont plus nombreux à consulter que les allocataires n'ayant pas de médecin traitant.

Fréquence des consultations d'un médecin entre décembre 1997 et décembre 1998, selon les allocataires qui ont ou qui n'ont pas de médecins traitants (échantillon en %)

Médecin traitant Consultation	Oui	Non
Jamais	23,5	56,5
1 à 9 fois	51,2	35,7
10 fois et plus	25,3	7,8
Total	100	100

Les allocataires bénéficiant d'un réseau médical (médecin traitant, dentiste traitant) sont généralement installés dans leur logement avant 1996. Pour les bénéficiaires logés après cette date, ce réseau médical est parfois remplacé par les hôpitaux, qui font office de *supermarché* de la médecine ; cela explique le taux d'hospitalisés dans cette catégorie d'allocataires. Certes, la mobilité résidentielle n'explique pas les mécanismes qui président à l'accès aux soins, mais elle les détermine souvent. Si nous nous basons sur le statut des *jeunes* allocataires, appelés à changer d'habitat, de lieu de résidence, le réseau médical (qui est constitué le plus souvent à l'échelle de l'arrondissement) sera à renouveler. Dans ce cadre, la démarche de prévention, que les services sociaux essaient d'impulser auprès des allocataires, ne sera pas suivie d'effets, sans la prise en compte du réseau médical.

La majorité des allocataires jouissent d'une couverture complémentaire, contrairement à la population totale des chômeurs[46] (il s'agit des chômeurs selon la définition de l'INSEE). C'est un droit réservé aux bénéficiaires du RMI, une *discrimination positive*[47], et à la charge des Départements, ce qui en fait un droit localisé socialement et territorialement. Il s'agit d'un accès au droit pris en charge par la fiscalisation, ce qui accroît les différences entre les allocataires du RMI et les salariés en général. Cette fiscalisation de la couverture maladie des bénéficiaires du RMI contribue à la fabrication d'une catégorie de pauvres séparée des salariés ou des catégories sociales qui partagent leurs conditions dans le domaine de la santé[48]. Si les conditions sociales et financières des allocataires renforcent l'aspect de l'urgence dans l'accès aux soins, les allocataires ne se distinguent pas des catégories populaires ou d'autres catégories. Cet accès est marqué par des effets générationnels et structurels, que l'on retrouve dans la population globale.

---

[46] *Données sociales*, INSEE, 1996, p. 506. 54 % des personnes se déclarant au chômage n'ont pas de couverture complémentaire.
[47] Bernard Friot, *Puissances du Salariat*, La Dispute, 1998.
[48] Louis Chauvel, *Le Destin des générations*, op. cit., p. 101.

Chapitre VI

La localisation du dispositif RMI et les associations

Loin d'opposer marché, mise en concurrence et action publique, il nous paraît nécessaire de voir que le marché et singulièrement le marché du travail jouent dans leur extension et leurs mutations sur une intervention publique transformée.

Toute la territorialisation de l'action publique s'analyse en amont comme la volonté de s'adapter à l'Europe néo-libérale des régions en opérant une redistribution des compétences des collectivités territoriales et en aval comme le développement de politiques partenariales, contractualisées pour mobiliser les énergies contre les dangers de fractures sociales nées de la construction d'un espace libéral européen (éducation, politique de la ville, prévention de la délinquance). Ainsi les commissions locales d'insertion attribuent des subventions à une association si le projet leur paraît susceptible d'apporter une aide aux Rmistes pour s'insérer. D'une logique d'accompagnement, dans laquelle la commune distribuait des subventions aux associations pour développer leurs initiatives, on passe à la définition d'attentes plus concrètes quant à l'activité desdites associations. L'instance décentralisée va exiger des résultats et des compétences techniques ou considérées comme telles. Qu'elles soient anciennes, solvables ou créées pour recueillir la manne de l'action d'insertion, les associations doivent alors développer une stratégie pour que leurs projets soient agréés par les bailleurs de fonds.

Peut-on considérer que la dé-bureaucratisation espérée grâce à la décentralisation et à la mobilisation des acteurs locaux autour de *projets* est couronnée de succès, qu'elle répond aux besoins des populations ?

Le projet autour d'une action d'insertion se présente comme un contrat entre divers acteurs, certains proviennent du secteur étatique, central ou territorialisé, quelques personnes sont issues des activités économiques et les autres du tissu associatif. La transformation du service public aboutit d'une part à l'insertion de services collectifs (ici le traitement social de la pauvreté à travers le dispositif RMI) dans le champ de la production capitaliste marchande (par le biais d'une mutation du tissu associatif) et, d'autre part, à une transformation radicale de ce que peuvent être ces services collectifs.

« La crise du Welfare state serait, du point de vue économique un conflit non sur sa réduction mais sur sa recomposition, sa transformation permettant non de supprimer mais d'insérer une bonne part des services collectifs dans le champ de la production capitaliste marchande »[49].

L'ensemble du dispositif RMI a pour objectif non avoué, non la commisération pour les pauvres, mais la prévention de l'existence, voire de l'extension, de lieux sans droits et donc sans loi. Le danger est que la multiplication des publics ciblés et des actions spécifiques produise une zone de sous-droit. Face au débat entre politiques spécifiques (plus efficaces pour lutter contre la pauvreté parce qu'elles pratiquent une discrimination positive) et politique générale, les choix au niveau de l'État et l'absence de projet cohérent au niveau local favorisent les coups de force. Ce n'est pas qu'il y aurait méconnaissance ou insuffisance de loi, il y aurait plutôt surabondance en cette matière. S'empilent en matière sociale des régimes divers parmi lesquels le dispositif du RMI prétend agir à moindre coût pour colmater les zones de fracture. Il n'y a pas insuffisance de lois, il y a la menace de prolifération de lieux d'où disparaîtrait le sens de l'obligation mutuelle d'une vie en société et où il serait impossible pour un système de contrôle et de contrainte de la dangerosité sociale de faire appliquer la loi. A cette crainte certains répondent en tentant de verrouiller la citoyenneté, d'autres dans la même lignée en subordonnant les droits au mérite, d'autre encore plus à gauche tentent de retrouver les formes plus organisées de la contestation sociale qui étaient celles du monde du travail. Il est clair que la question des critères objectifs d'évaluation ne saurait se passer d'une intervention politique des allocataires, mais ce dialogue ne peut avoir lieu. Peut-être moins encore dans un centre-ville que dans les cités et quartiers où se développent au moins des solidarités de bande. Et

---

[49] Edmond Preceteille, « Inégalités urbaines, gouvernance, domination ? Réflexion sur l'agglomération parisienne ». *Les nouvelles politiques locales. Dynamique de l'action publique*, Presses de Sciences Po. Paris, 1999.

il faut également noter que peu d'études ont été consacrées aux solidarités familiales inter-relationnelles et au militantisme associatif.

Car s'il y a une limite à cette idée de localisation du dispositif, c'est celle d'une absence d'unité des *clients* de la CLI. A l'inverse de l'institution totalitaire de Goffman, l'Asile où les malades sont enfermés, ici les *clients*, les dominés sont dispersés, ils n'ont pas la ressource d'une négociation collective. Sous-jacente dans la commission, n'existe-t-il pas une volonté de collectiviser ces *clients*, de créer un milieu de rencontre et donc d'avoir en face d'eux des interlocuteurs avec qui négocier ? La rencontre reste cependant difficile. Le mouvement des chômeurs qui est partiellement né à Marseille et qui a connu une extension maximale dans cette ville regroupait un certain nombre de chômeurs de longue durée et de bénéficiaires du RMI, mais aucun d'entre eux ne voulait se reconnaître en tant que Rmiste. Ils se considéraient comme des chômeurs, privés d'un droit citoyen, celui du travail. Leur collectivisation dans le mouvement social passait par la négation de l'installation dans un statut d'assisté et la revendication de leur participation à des organismes de négociation collectifs comme l'UNEDIC. Ils se définissaient par rapport au salariat et non par rapport à un territoire, l'appartenance ou non à une zone urbaine plus ou moins stigmatisée. Dans le même temps, les membres de la CLI ne voulaient pas reconnaître dans ces *gueux* et leur leader encombrant, Charles Hoareau, l'interlocuteur Rmiste duquel on pouvait espérer des préconisations techniques visant à améliorer l'action de la CLI. On voit que la décentralisation, loin de favoriser la rencontre des acteurs locaux, peut aboutir à un éloignement dans la mesure où les formes de notabilité, les enjeux électoraux toujours présents, le foisonnement des organismes peuvent être encore moins perméables au développement du mouvement social que les instances centralisées.

Il s'agit de bien saisir toutes les dimensions de la localisation du dispositif : en quoi favorise-t-il l'élargissement des droits et favorise-t-il une véritable innovation dans l'administration ?[50]

La proximité : démocratisation ou privatisation de l'action sociale

Le premier phénomène qui polarise l'attention est la croissance du secteur associatif dans les missions de service public. La lutte contre la pauvreté a toujours fait appel au monde associatif à travers le secteur humanitaire ou caritatif. L'Armée du salut, ATD quart-monde ou encore Emmaüs sont de véritables institutions. Consultées régulièrement lors de la promulgation d'une loi ou lorsque les gouvernements lancent une campagne contre l'exclusion, ces associations sont devenues de véritables cautions morales : elles font souvent office de bonne conscience collective. Leur principale revendication porte sur la nécessité d'une intervention plus directe et plus importante de l'État dans les différents domaines de la vie sociale. Que ce soit en matière de logement, de culture ou de formation, elles réclament que la lutte contre l'exclusion devienne une affaire publique, bien que ce vœu ait paradoxalement contribué à privatiser cette lutte.

Ce qui pouvait relever de l'action étatique est devenu une action civique, de solidarité envers les membres les plus fragiles de la société. « *L'exclusion n'est pas l'affaire de l'État mais l'affaire de tous, de chacun d'entre nous* ». Cette formule employée à diverses reprises par des responsables politiques ou d'autres

---

[50] Ainsi à travers le guichet unique, les agents recherchent un partenariat plus efficace, une formation d'équipes et de gens capables de confronter leurs pratiques, de faire circuler l'information et d'être plus performants et homogènes (égalitaires) dans le traitement des dossiers. Une responsable de service social nous dit que chaque agent informe dans le domaine où il est compétent et « passe à l'as » les autres droits. Ainsi au CCAS, on informe plus sur la santé que sur le logement, aucune demande d'allocation logement n'est transmise, on renvoie les gens sur la CAF, ce qui oblige à refaire les démarches. Cette analyse est à lier à la réflexion de la CLI sur l'intérêt d'un guichet unique. La plupart des organismes instructeurs que nous avons interrogés font une demande de travail en réseaux avec un fichier commun de personnes, ils demandent que le nom du référent soit systématiquement inscrit sur le dossier pour qu'il y ait un suivi.

acteurs résume le passage de la chose publique à la chose privée. Ainsi on ne sait plus très bien quel est le rôle de l'État, le *tous* et le *chacun d'entre nous* désignent certainement la société civile dont l'action séparée de l'État ne saurait être politique en tant qu'elle porterait des conflits d'intérêts, mais seulement *civique et citoyenne*, entendons ici solidaire. Cette conception de la solidarité accompagne admirablement la crise de la politique. Celle-ci a en effet deux versants : le premier est la technicisation des choix en général sur une base économique ou affirmée comme telle, qui laisse peu de place au débat citoyen. Le second versant est justement celui de la solidarité, elle-même débarrassée de tous choix d'intérêts et surtout de la désignation des responsabilités politiques en termes d'intérêts de classes.

L'hégémonie de ce discours prend sa dimension réelle en 1983 avec la loi du 22 juillet consacrée à la décentralisation de l'action sociale. Désormais l'action sociale, bien que restant chose publique, est dévolue aux collectivités territoriales. Un des premiers effets de cette décentralisation est le passage à un droit très localisé. Le Ministère des Affaires sociales met en avant l'exigence de solidarité. L'action sociale définie comme solidarité est confiée aux acteurs les plus *proches du terrain afin de mieux appréhender la réalité,* comme si l'éloignement de l'État en tant que secteur public par rapport à cette réalité était reconnu : l'État devient un acteur abstrait qui doit déléguer à de nouveaux acteurs une gestion de proximité. Ce rapprochement correspond aussi à une remise en cause du service public. La volonté affirmée de démocratiser les instances nationales grâce à la décentralisation n'a pas eu les effets escomptés. Le bilan est pour le moins mitigé puisque la lutte contre l'exclusion n'a pas connu une grande réussite, celle-ci ne cessant de croître. La proximité ne répond pas davantage aux besoins des populations en difficulté. L'absence de représentants de ces populations témoigne assez du caractère limité de la démocratisation qui favorise surtout l'apparition de notabilités et de leurs réseaux.

Des efforts ont été tentés pour résoudre les problèmes de l'exclusion mais les causes d'un tel phénomène, comme nous n'avons cessé de l'analyser, ne résidaient nullement dans le fait que l'État était trop lointain et qu'il fallait donc les combattre au plus près du terrain. L'ensemble des choix gouvernementaux allaient dans un sens contraire à celui d'une lutte contre l'exclusion.

Le dispositif RMI reflète assez bien les apories en matière d'actions contre l'exclusion, malgré la mobilisation des compétences et des bonnes volontés. En revanche, il a témoigné de son efficacité dans la recomposition du salariat et la désétatisation de l'action sociale.

L'articulation du dispositif avec les acteurs de la société civile autour de *projets* d'insertion a participé à la mise en place d'une économie mixte de l'action sociale. Le monde associatif, s'il a entretenu dans un premier temps un rapport fait de conflits et de collaboration avec l'État, a aujourd'hui dépassé ce rapport contradictoire en s'intégrant de plus en plus dans la politique étatique et dans les logiques politiques locales, tout en favorisant le passage à la privatisation. La délégation d'une grande partie des activités étatiques au monde associatif dans certains domaines n'est pas sans incidences sur ce monde associatif lui-même, sur la démocratie qui est censée en émerger. Cette délégation n'est pas non plus sans incidences sur l'action sociale en tant que mission de service public. Celle-ci se transforme selon un néologisme en *parapublic*, et ouvre alors la voie royale de la privatisation.

J. Friedman a assez bien synthétisé la logique de la gestion de la proximité dans une contribution à un colloque sur la pauvreté tenu à l'UNESCO[51]. L'auteur, après avoir émis une vigoureuse critique du capitalisme, met en avant l'auto-organisation des pauvres comme solution démocratique à l'exclusion :

« *Le nouveau contrat social envisage la société civile organisée comme un partenaire collaborant activement avec l'État pour garantir à chaque citoyen (...) Ainsi entendue, la participation démocratique exige qu'ils jouent un rôle beaucoup plus actif que celui de simple électeur. Il leur faut s'engager directement dans la fourniture des biens et services indispensables aux*

---

[51] John Friedman, RISS. n° 148, 1998, p. 217.

familles affiliées aux associations pour produire leurs moyens de subsistance. L'État, pour sa part acheminant les ressources jusqu'aux citoyens et aux familles par l'intermédiaire des associations. On peut concevoir cet arrangement comme une relation triangulaire entre l'État, les associations et les familles. »

On reconnaît le modèle des ONG intervenant dans les pays du tiers-monde alors même que les plans d'ajustement structurels, la financiarisation de la dette et les privatisations massives qui favorisent les investissements directs des firmes multinationales accroissent la polarisation entre le Nord et le Sud : une pédagogie de survie est tentée auprès des populations. Le traitement social de la pauvreté à travers le dispositif du RMI, la prise en charge des pauvres par eux-mêmes, via les associations dans lesquelles transitent les subventions de l'État, enferme ces pauvres dans un véritable marché du social localisé :

« *On peut par conséquent le concevoir aussi comme un moyen de renforcer la société civile en offrant des incitations de nature à la fois à accroître la densité des associations et à les implanter plus profondément dans les milliers de localités que compte le territoire national* »[52].

A ce nouveau contrat social proposé par J. Friedman répond comme en écho la ministre des Affaires sociales Martine Aubry : « *La rencontre entre le monde associatif et les nouveaux besoins sociaux est un enjeu fondamental* »[53]. Il est à noter que cette demande d'intervention des associations n'est pas contradictoire avec la position néo-libérale qui affirme l'incompétence de l'État à orienter l'économie. L'économie est laissée au marché et aux dirigeants des grandes entreprises, la solidarité aux associations. Face à la revendication d'une plus grande attention de l'État aux besoins des populations en difficulté, le pouvoir politique s'abrite derrière les associations.

---

[52] Idem, p. 197.
[53] Discours du 20 février 1998 lors des Assises nationales de la vie associative.

A travers l'individualisation de la pauvreté devenue malgré son caractère massif un phénomène relevant de *handicaps* et de *trajectoires individuelles*, on a prétendu moraliser et dépolitiser la prolétarisation devenue exclusion. Il est logique que dans un même mouvement on soit passé du service public à l'utilité publique. L'enjeu n'est plus de répondre à un problème social mais d'affirmer un objectif politico-moral : le maintien du lien social. Mal défini mais omniprésent, cet enjeu a infléchi l'action des associations vers une citoyenneté dégagée des conflits d'intérêts. Il correspond donc parfaitement à la *technicisation* des choix politiques fondamentaux, c'est-à-dire la forme idéologique de la toute-puissance du capital. La politique n'est plus une *praxis* mais une *techné* (choix des moyens pour réaliser une fin donnée et non discutée), avec un souci constant (nous sommes en *démocratie*) de construire autour de cette *techné* une *doxa* (opinion publique) convaincue de l'impossibilité de discuter des choix, ce qu'on a coutume d'appeler *la pensée unique*. En miroir, face à un monde politique qui affirme son impuissance à infléchir les mécanismes économiques, face aux difficultés militantes des chômeurs et des précaires, l'association doit être le moyen ultime pour que le citoyen participe à la vie de la cité, se réapproprie le politique. On estime à plus de 700 000 le nombre des associations en activité dans divers domaines.

Les domaines d'actions des associations

Domaines d'actions	% sur les 700 000
Activités sportives	24,5
Culture, Tourisme, Loisirs	23
Action sanitaire et sociale	16,5
Vie sociale	9,5
Habitat et Environnement	9,5
Éducation et Formation	8,5
Services aux entreprises	8,5

Source : Rapport C. Pardieu, INSEE, 1990.

Label accordé à un certain nombre d'associations qui agissent dans le domaine social, l'utilité publique remplace de plus en plus le service public. Celui-ci, qui avait en charge l'action sociale, est relégué au rang de support logistique et technique dans la mise en œuvre de projets ponctuels : il devient le coordinateur de l'action associative. Compte tenu du nombre d'associations qui agissent dans le domaine social et des nouveaux rapports institués par le biais du dispositif RMI entre ces dernières et l'État, nous pouvons considérer que l'objectif de décentralisation est atteint. La démocratie se voit-elle améliorée pour autant ? Les associations ne sont-elles pas absorbées et privatisées ?

Le parapublic : des sociétés à économie mixte dans le social

Dans le dispositif RMI, beaucoup d'associations ont été créées autour de la manne de l'insertion. Quand on observe une réunion de CLI, on se rend compte que l'aide aux projets d'insertion peut constituer un embryon d'association. Si beaucoup de ces projets réclament des financements modestes pour une activité individuelle, il en est d'autres qui nécessitent des moyens importants, des locaux, des salariés, des stagiaires, des bénévoles dans l'attente d'un statut et sur lesquels viennent se greffer des activités militantes comme par exemple la constitution de *SEL*. Les associations deviennent alors des prestataires de service qui non seulement répondent aux appels d'offres officiels ou informels lancés par les collectivités locales et territoriales, mais se clientélisent. Des réseaux associatifs sont mis en place ainsi qu'une hiérarchisation de ces réseaux. Chaque Rmiste est libre de fonder une association et de réclamer une subvention pour soutenir son initiative : la CLI juge de l'opportunité. Mais chaque Rmiste n'est pas susceptible de faire partie d'un réseau associatif. Entre un projet qui nécessite une friteuse et un triporteur pour cuisiner et vendre des beignets dans la rue et celui qui propose une activité théâtrale à une vingtaine de Rmistes et qui doit donc faire état d'une insertion dans le monde de la culture, de locaux, d'un diplôme, il y a une différence non seulement de budget mais aussi de nature. Sans parler de projets beaucoup plus ambitieux qui répondent ou souhaitent répondre à la mise en place de formations, d'aide au logement. A ce niveau, le réseau devient la garantie d'un apport de financement public. On entre dans le réseau par cooptation : un individu qui a l'esprit d'entreprise et de nombreuses années de vie associative, souvent un passé gauchiste, regroupe autour de lui deux ou trois individus, en général des étudiants de troisième cycle à la recherche d'un emploi. Le chômage qui frappe les jeunes diplômés n'est pas étranger à la satellisation autour des associations susceptibles d'offrir à terme un emploi et dans l'immédiat un dérivatif au rejet du politique. On retrouve ici des traits parallèles à ceux qui font le succès des ONG. L'entrepreneur de l'économie sociale propose un projet ambitieux à la CLI. Celle-ci est elle-même formée de représentants de l'administration, de travailleurs sociaux mais aussi de représentants des associations les plus importantes du réseau. Il y a donc cooptation et il faut jouer le jeu. Contester dans la forme peut être admis et encouragé si sur le fond on conforte la représentation collective de l'utilité et de la compétence du réseau à innover dans les réponses d'insertion, si l'on entretient de fait l'idée qu'il y a réponse aux besoins des Rmistes par la proximité et donc modernisation administrative.

Cette imbrication devenue de plus en plus structurelle entre l'État et les associations, situant l'un comme ordonnateur et les autres comme exécutants directs sur le terrain, voit proliférer de plus en plus le secteur dit parapublic : on peut s'interroger sur l'autonomie de ce dernier et sur la démocratie participative qu'il est censé développer. La seule certitude est que ce secteur est l'instrument d'une privatisation de l'action publique non autour de missions mais de projets ponctuels. Cette privatisation, loin de correspondre à une modernisation de l'État dont l'intervention gagnerait en souplesse et en efficacité, aboutit à une prolifération organisationnelle, une bureaucratisation. On voit que le modèle est proche de celui de la *gouvernance urbaine* et ici, comme dans le cas des grands projets urbains, l'objectif de la gestion de proximité n'est pas d'accroître la démocratie puisque la cohérence globale des projets ponctuels dépend d'une politique de soutien à la croissance financière et à la flexibilité du travail. La réalisation de l'objectif passe par le développement d'un système organisationnel à économie mixte, c'est-à-dire la distribution de ressources émanant de l'État pour développer *l'initiative privée*.

Ce secteur associatif financé par les fonds publics sur un modèle qui tend de plus en plus à le rapprocher de l'entreprise privée, sur un marché dit de l'insertion, aboutit plus à une économie mixte qu'à un service public déconcentré. Émergent du processus de véritables sociétés sociales d'économie mixte, soumises à concurrence entre elles. Mais le fait essentiel, en ce qui concerne le traitement de l'exclusion, est la manière dont leur crédibilité dépend de leur capacité à définir les besoins des populations d'allocataires du RMI. Elles participent puissamment par le caractère idéologique de la définition de cette population à un marché de l'exclusion en termes de handicaps sociaux. Dans la CLI que nous observons, un certain consensus s'était organisé autour de la non-responsabilité du Rmiste dans sa situation, autour aussi de la conviction qu'il était impossible face au marché du travail de répondre à l'objectif d'insertion par l'emploi. Il s'agissait d'une CLI du centre-ville dont le tissu associatif rayonnait sur l'ensemble de l'agglomération. Cela avait abouti au renforcement de la définition des besoins, de la demande en termes à la fois psychologiques et culturels, avec en particulier une ethnicisation des problèmes et la valorisation comme innovation de la débrouille du marginal. En revanche était sous-estimée la nature réelle de cette population, ses qualifications ouvrières, son inscription dans le salariat. La littérature sociologique sur l'exclusion servait de référence à la définition de la demande sociale.

L'évolution des associations du militantisme vers la société privée ne signifie pas que le profit soit la finalité des associations, mais que la nécessité de s'auto-entretenir, de maintenir une activité, des locaux, des permanents salariés, préside à leur mutation. Une telle nécessité, encore plus affirmée au niveau local, les oblige à adopter une stratégie face aux bailleurs de fonds mais aussi à l'ensemble du réseau associatif : une manière de savoir se présenter comme utile pour connaître, répondre aux besoins sociaux aux yeux de notables élus ou agents de l'administration.

Les ressources des associations proviennent en grande partie des subventions publiques, cependant la décentralisation accentue l'effet de professionnalisation de la *société civile* et l'obligation de rentabiliser l'argent investi en termes de *fabrication du lien social*. Est-ce un hasard si là encore l'exclusion joue un rôle essentiel de recomposition ?

Source de financement des associations

Remboursement de fonds sociaux	18 %
Subventions publiques	42 %
Dons et cotisations	40 %

Source : Laboratoire d'économie sociale (CNRS)

Cette rentabilisation peut se présenter sous différentes formes, politiques pour les élus locaux, sociale pour l'État et en gains pour le secteur privé. Le fait est que le secteur parapublic devient un employeur important. Au 31 décembre 1995, 110 000 associations employaient 1 198 000 salariés. Le poids des associations dans le salariat représentait 5,9 % en termes d'effectifs et il connaît une croissance continue.

La nouvelle étape est l'arrivée de grandes sociétés privées qui se substituent aux associations dans des domaines comme la formation et d'autres qui se sont *rentabilisées* dans le domaine militant, l'exemple type étant les mutuelles. L'arrivée du privé dans le domaine social remet en cause l'idéologie de la proximité comme justificative du transfert de charge de l'État vers les associations. Le constat d'une rentabilisation des missions de service public et d'une substitution du privé à ce public est bien souvent fait, mais ce qui est rarement analysé est le rôle joué par le réseau associatif dans cette évolution, et l'idéologie de la mobilisation citoyenne au plus près du terrain.

C'est selon nous par la salarisation précaire des membres d'association que passe cette évolution. C'est parce que le personnel associatif est lui-même soumis à une logique d'exclusion que se produit ce passage au privé : statuts précaires dépendants du renouvellement annuel du contrat, et donc du bon vouloir de la CLI, des élus et du réseau associatif lui-même, conditions de travail difficiles car une partie du travail mal rémunéré reste dans la logique du bénévolat puisque l'employeur est l'association et l'employé un militant.

L'appareil technico-militant ou l'invention d'une économie sociale

Cette notion de technico-militant nous a été suggérée par un de nos interlocuteurs du tissu associatif, qui définissait par ce terme la représentation que les membres du réseau associatif ont de leur rôle. Pour ce travailleur d'association, ce terme nous paraît surtout refléter le fait que *le lien social, la citoyenneté* reste la finalité d'une action qui se professionnalise de plus en plus ; d'où l'affirmation du militantisme, de *l'utilité publique* au lieu du service public, mais aussi de *compétences* de nature technique, et d'une rationalité. Beaucoup d'associations qui interviennent dans le domaine de l'exclusion correspondent peu ou prou à cette définition ; la création d'associations ne demande pas de qualifications spécifiques, elle nécessite en revanche la maîtrise minimale du tissu associatif, l'intériorisation des présupposés de la commande publique, la capacité à valoriser des bilans d'activité, le tout passant par un réseau qui s'auto-reconnaît des compétences dans un domaine d'action. Les salariés de ces associations sont en grande partie d'anciens allocataires du RMI, ou d'anciens chômeurs dont le passage dans ce statut précaire a réduit les ambitions en matière de salaires. Ils interviennent dans de petites structures : 72 000 associations emploient un ou deux salariés, 21 000 de trois à cinq salariés et 12 000 de six à neuf salariés. Ceux-ci, en statut précaire, dépendent du renouvellement du contrat de l'association, et doivent donc s'inscrire dans la demande publique et subir la loi despotique d'un notable, de travailleurs sociaux, de représentants d'autres associations. Pour survivre, ils doivent non pas traduire les besoins des populations mais conforter les conventions du groupe, ici la CLI. Et si celle-ci, gorgée de littérature sociologique, a une vision des Rmistes en termes de désaffiliation ou de handicapés sociaux, et non en termes de qualifications, de métiers, l'association doit conforter par ses projets le consensus de la CLI.

L'intervention de ces nouveaux acteurs salariés dans le domaine de l'action sociale et leur positionnement en première ligne dans la lutte contre l'exclusion ajoute à la catégorie des travailleurs sociaux celle des intervenants sociaux. N'ayant aucune qualification et aucune formation dans la plupart des cas, ces intervenants sociaux sont dans l'obligation d'inventer leur profession. Ils ne possèdent pas les moyens des travailleurs sociaux du secteur public[54], leur activité, en outre, est fondée sur la légitimité que leur confère *la connaissance du terrain*, qui repose sur un postulat subjectif. En effet les intervenants sociaux, forcément issus des populations auprès desquelles ils interviennent, sont censés en connaître les besoins. L'évaluation de la nature des réponses apportées à ces mêmes besoins est reléguée en arrière-plan. Effectuant des horaires largement

---

[54] Ceux-ci sont simplement confirmés dans le sentiment et donc dans la réalité pratique de leur inefficacité bureaucratique.

supérieurs à leur rémunération, ces intervenants sociaux ne constituent-ils pas le modèle idéal de l'entreprise libérale ? Ils s'adaptent constamment à la commande, ils gèrent leurs activités dans une totale flexibilité avec des protections minimales qui s'effacent devant la moralisation et l'utilité de leur activité, censée créer du lien social et répondre à l'objectif démocratique de *l'intervention citoyenne*. Par rapport au modèle idéal de l'entreprise libérale, on peut noter que les conditions d'auto-exploitation maximale sont à la fois celles des cadres les plus *performants* et celles des petites entreprises en difficulté. Et c'est sans doute par ces deux extrêmes que s'accomplit la véritable privatisation, face au chaos administratif provoqué et face à l'inefficacité entretenue du secteur associatif tandis que se maintient la bureaucratie étatique. Le choix de privatiser le social en le confiant à de véritables gestionnaires, comme les mutuelles et les assurances, devient de plus en plus rationnel.

Pourtant, ces travailleurs du social constituent de plus en plus un modèle de réussite pour une partie de la population des allocataires du RMI et pour les populations défavorisées en général. L'audiovisuel, grand vecteur de la *doxa*, développe à discrétion les reportages consacrés à ce type d'individus pour délivrer un message rassurant : en s'occupant de sa cité, on peut retrouver les chemins de la promotion, on peut s'en sortir par un travail social qui privilégie l'initiative individuelle. Les sujets présentant des jeunes, des femmes issus de l'immigration qui ont créé un emploi tout en aidant *les leurs* sont obligatoires si l'émission traite des banlieues, de la citoyenneté et de la solidarité. La suspicion d'être des fonctionnaires, des nantis ne pèse plus sur eux. De la cité à l'école, le modèle fait flores, les emplois jeunes y contribuent. La précarisation est valorisée comme gage de la proximité. On voit qu'il y a là une nouvelle *signification du militantisme*, plus éloignée de la contestation sociale et du bénévolat, plus proche du salariat et de l'intégration consensuelle. Les intervenants sociaux sont pris dans un effet pervers en revendiquant le titre de militants pour se distinguer d'une manière valorisante des travailleurs sociaux *fonctionnarisés*, mais cette revendication justifie moralement la précarité de leur condition et elle est de plus en plus évoquée pour maintenir leur emploi et leur légitimité dans un contexte où la misère, loin de reculer, avance. Ainsi l'ensemble des associations partenaires de la CLI des 1er et 2e arrondissements sont prises dans cet effet pervers. Les interventions de leurs représentants, lors des séances de commission, se plaçaient sur le terrain de la familiarité avec les Rmistes et leurs besoins, tandis que celles des assistantes sociales s'arc-boutaient sur le juridique, mais personne ne se situait jamais sur le terrain politique. Cette dimension est constamment occultée au profit d'un crétinisme localiste, comme on parle de crétinisme parlementaire.

La technicité de ces intervenants sociaux est donc fondée sur leur connaissance du terrain et des besoins, un champ considéré comme déserté par le service public trop bureaucratique. Si, à l'intérieur de la CLI, l'interprétation du droit est floue, l'appel à la caution morale des associations en tant que *représentant du peuple des pauvres* montre les limites de la démocratie participative que la gestion de proximité est censée inaugurer.

On peut même estimer que ces intervenants sociaux, à la fois médiateurs dans le face-à-face impossible entre les exclus et les pouvoirs publics, et techniciens de la désétatisation de l'action sociale, participent à un maillage des territoires où se concentrent les populations pauvres et font aussi office d'*agents de sécurisation*. Ils sécurisent les classes moyennes au regard desquelles leur action est positive et efficace. Ils sécurisent les populations défavorisées, car ils sont l'image de la réussite de certains d'entre eux, leur porte-parole auprès des élus locaux et de l'État. Ainsi le nombre d'associations dans le 15e et le 16e arrondissement de Marseille, les fameux quartiers nord, est de 800 pour 91 000 habitants, soit environ une association pour 114 habitants. Cette prolifération des associations s'accompagne d'une désertion du militantisme traditionnel sous ses formes les plus politiques, et ce n'est pas tant l'association qui pose problème que le contexte de dépolitisation dans lequel elle s'inscrit. Le militantisme associatif n'est-il pas en train de changer de nature ? Il évolue d'un contexte de revendication ouvrière et plus largement salarial vers une canalisation des mécontentements sous la forme de l'assistanat, dans un double mouvement d'intégration au marché de la pauvreté et d'émiettement en secteurs de plus en plus hétérogènes.

Dans sa lettre au gouvernement d'avril 1999, Martine Aubry souligne cette mutation du militantisme associatif :

« *Aujourd'hui, on constate un double mouvement, d'un côté le marché récupère des activités que le mouvement associatif a fait émerger, dès lors que ces activités sont devenues rentables (...) A l'inverse, des associations développent des activités de plus en plus hétérogènes* ».

Les exemples les plus connus de ce processus se situent dans le secteur de la santé et dans celui de la formation, mais le secteur social est également touché. Cela a pour conséquence d'accélérer la privatisation et de transformer les modes de fonctionnement de la vie associative. Un nouveau projet de loi est prévu à cette fin par le gouvernement, pour recadrer l'activité des associations dans un champ non commercial, ou pour inciter celles qui souhaitent y demeurer à abandonner le statut associatif au profit du statut coopératif moyennant une modification des avantages fiscaux et salariaux. Le monde associatif vit assez mal cette mise en demeure et il revendique son utilité sociale, alors que les entreprises cherchent à faire du profit. Cette position est assez bien soutenue par le directeur de l'AMPIL, une association qui intervient sur le logement des Rmistes auprès de la CLI des 1er et 2e arrondissements de Marseille.

« *Moi je suis dans un certain nombre de paradoxes et quand on dit technico-militant, quand on se donne comme but de rapprocher la commande publique des besoins du public, on vit dans le paradoxe. Aujourd'hui beaucoup de gens créent des associations pour créer de l'emploi, d'abord pour eux-mêmes. Il se trouve que j'ai un parcours militant particulier qui influe sur le travail mené dans cette boîte (l'AMPIL). Nous sommes des acteurs économiques, c'est une économie sociale qu'on le veuille ou non, bientôt on sera tous concurrents entre nous, il y aura de plus en plus de concurrents à partir de l'appel d'offres... On va permettre au secteur privé de venir nous concurrencer sur notre terrain. C'est clair SODEXO a déjà pris la restauration, il a mis la main sur les centres aérés de quartier... Il y a dans la solidarité un marché potentiel réel que l'État préférera à un moment donné jouer sur la concurrence privée, faire en sorte que cela crée des emplois dans le secteur privé, déjà il fiscalise le secteur associatif... Dans cette logique de privatisation comme dans les FBVS (fonds de base à visée sociale) qui sont payés par le FAS (fonds d'aide sociale), donc par le dispositif RMI, les gens suivent une formation de 200 heures avec quelques connaissances sur la santé, un peu de français, et ce qui a disparu c'est la revendication au droit au logement défendu par l'association ».*

Pourtant il ne suffit pas de noter que l'objectif politique du rapprochement des besoins des populations se confond avec celui, plus répressif, de l'action sur la dangerosité sociale. Nous restons ici dans le cadre d'une définition traditionnelle de l'État qui, comme l'a souligné Max Weber, articule toujours violence et légitimité de l'exercice de cette violence. La territorialité est également une dimension essentielle de l'exercice de ce pouvoir étatique. Il nous reste à voir qu'aujourd'hui l'action publique se déploie de plus en plus dans un contexte d'adaptation au marché qui ne trouve guère de contradicteurs. L'action publique, le service public sont accusés d'engendrer des coûts prohibitifs et des lourdeurs bureaucratiques qui les rendent inefficaces. Le RMI représente un faible coût en regard des deux millions de bénéficiaires. Mais si le RMI et la plupart des dispositifs qui prétendent lutter contre la pauvreté tendent effectivement vers une diminution des coûts en matière de droits citoyens, c'est au prix d'un foisonnement bureaucratique par délégation des compétences sans contrôle dans un contexte de déréglementation, de concurrence et de multiplication de *contrats*. Donc nous avons :

La crise de l'emploi et son corrélat, la refonte du système de protection sociale. Le système de protection sociale était jusqu'ici fondé sur l'emploi à temps plein et sur le modèle familial des deux parents et de deux ou trois enfants. Avec la dégradation de la condition salariale, les zones de protection, construites à partir des lois du marché et des règles juridiques de l'État social, sont bouleversées tout en devenant de plus en plus vitales. La forme spécifique de régulation sociale liée au plein emploi s'effondre et engendre à son tour la défection des formes anciennes de protection pour inventer de nouvelles formes d'engagement de soi. A ces nouvelles formes participent les *fantassins du social* qui, en première ligne, font face à la tourmente de la mutation sans vue claire de l'ampleur du champ de bataille.

Face à un continuum de situations qui basculent dans une zone de vulnérabilité, il y a une dilatation des normes de l'action publique (de plus en plus attentive aux parcours individuels) et la résurgence d'une justice localisée. Le RMI tend à occuper les interstices qui s'étendent. Ce sont ces situations qui sont réévaluées sur de nouvelles échelles, celles qui se construisent peu à peu dans les pratiques internes aux administrations, appelées à dire ce qu'il est juste de faire, une sorte de nouvelle magistrature sociale devant se prononcer sur le possible et le praticable. Dans ces magistratures sociales localisées le droit cède peu à peu à l'arbitrage[55]. C'est pourquoi loin d'opposer marché, mise en concurrence et action publique, il nous paraît nécessaire de voir que le marché et singulièrement le marché du travail jouent dans leur extension et leurs mutations sur une intervention publique transformée.

La territorialisation de l'action publique, menée pour cerner davantage les problèmes, pourrait également s'interpréter comme la volonté de s'adapter à l'Europe néo-libérale des régions par une redistribution des compétences des collectivités territoriales. En aval, elle pourrait également s'interpréter comme le développement de politiques partenariales, contractualisées pour mobiliser les énergies contre les dangers de fractures sociales nées de la construction d'un espace libéral européen (éducation, politique de la ville, prévention de la délinquance). L'originalité du système actuel étant que cette mobilisation est également l'instrument d'une intégration de l'action publique à une logique du marché, ce que l'on a coutume de désigner sous le terme de privatisation. En fait derrière le

---

[55] Ne serions-nous pas entrés dans un contexte où sous couvert de prise en compte d'équité plus d'égalité, l'arbitrage peut produire un traitement différent des citoyens suivant leur position sociale ? On songe au passage du droit carolingien à ces cours d'arbitrage dont la sentence devait nécessairement tenir compte de la puissance militaire ou de la faiblesse d'une des parties pour aboutir à un verdict, ou encore au juge des westerns.

marché, il y a une nouvelle forme de domination, des intérêts de classe correspondant à une nouvelle phase de la dynamique du capital. La dégradation de la condition salariale permettrait le développement de la recherche de la flexibilité maximale des individus. Il n'y aurait pas *fin du travail* mais précarisation en vue de l'accroissement de la flexibilité et de la baisse du coût de la force de travail. On doit alors analyser l'instauration du RMI du point de vue de la société capitaliste, dans sa phase néo-libérale, qui répond aux modifications globales du marché du travail dans la mondialisation. Sur le plan politique, le RMI est une tentative de contrôle de la dangerosité sociale, née du chômage et de l'aggravation des inégalités. Sur le plan culturel et sur celui des modes de vie, il faut observer les mutations qui partent de l'urbain jusqu'à la famille, un bougé de toutes les formes de lien social, une véritable crise du sens.

Chapitre VII

La question du logement

L'exemple marseillais

Notre enquête a pour cadre Marseille, une ville où l'exclusion prend des dimensions particulières. Un rapport de la DATAR de 1995 décrivait ainsi ce qu'il appelait « *le défi social* » du laboratoire marseillais :

« *Tous les indicateurs montrent que le département des Bouches-du-Rhône est déchiré par des inégalités sociales particulièrement profondes. La morphologie spatiale de ces inégalités est atypique. Le département a placé en son cœur, sur une zone reliant les quartiers du centre et du nord de Marseille, un véritable "trou noir" social pâtissant d'un taux de chômage de plus de 30 % qui touche environ 300 000 personnes, soit l'équivalent de la population de Montpellier. La compacité et la centralité de cette exclusion sociale en font un cas unique en France* ».

La réhabilitation du centre-ville

Dans le contexte de la disparition des activités industrielles liées au port, et dans celui de la mise en place d'un futur quartier d'affaires, le centre-ville de Marseille subit une réhabilitation plus tardive que ceux de Paris ou Lyon. Le projet Euroméditerranée a été lancé en avril 1994, en coopération avec l'État, la ville de Marseille, le Conseil général des Bouches-du-Rhône, le port autonome, la Chambre de commerce et la SNCF. Ce projet a nécessité 1,7 milliard de fonds publics de l'État et la même somme des collectivités territoriales. Son objectif est de créer un quartier d'affaires de 310 hectares sur une partie du port et dans le centre-ville. L'opération, malgré l'investissement public massif, n'a pas des effets évidents au moins dans le domaine de l'emploi. Il s'agit, d'une manière générale, pour les fonds privés de choisir entre des villes mises en concurrence ; les opportunités de choix relèvent de l'offre publique. Mais il n'y a aucune garantie de voir les investissements privés couronner de succès l'effort de l'État et des collectivités territoriales. Chaque ville joue ainsi à allécher le chaland et le projet Euro-méditerranée, non sans optimisme, prétend faire retrouver à Marseille les splendeurs du second Empire. Pour cela il table d'abord sur l'organisation des transports et des noyaux de communication ainsi que sur l'existence d'un pôle universitaire. Le démarrage est lent mais l'actuel maire, Jean-Claude Gaudin, est aussi le ministre de la Ville qui a promu les zones franches et celui qui depuis de nombreuses années à Marseille a toujours favorisé la promotion immobilière. Le dynamisme de celle-ci favorise l'alliance entre les intérêts de la bourgeoisie marseillaise, ceux de la Chambre de commerce locale et les grands investisseurs privés nationaux ou internationaux. Le projet s'accompagne d'une réhabilitation du centre-ville qui devrait aboutir à sa gentrification. Ce sont non seulement les logements rénovés qui devraient changer de destinataires, mais également la clientèle des commerces du centre-ville, eux aussi traditionnellement fréquentés par les couches populaires.

A partir de cette réhabilitation, on assiste ainsi à la disparition progressive d'un des secteurs d'activité commerciale de la ville, la médina marseillaise ou le quartier Belzunce. Mais le processus de gentrification a du mal à s'élargir au-delà de certaines opérations ponctuelles (comme le cours d'Estienne-d'Orves). Et notre enquête auprès des Rmistes nous a montré que quand ceux-ci changeaient de logement c'était dans l'espace central, une mobilité à l'intérieur du centre-ville.

La gentrification du centre-ville se heurte en effet à un paradoxe typiquement marseillais : la relative rareté des logements sociaux. Les propriétaires occupants représentent environ 165 000 logements. Le parc locatif privé est de 107 300 (33 %) et le parc social de 51 700 (16 %). Le parc social est donc inférieur à beaucoup d'autres agglomérations comme Lyon (22 %), Grenoble (17 %), Bordeaux (17 %), Nantes (30 %), alors que la population marseillaise a pour la moitié de sa population des revenus égaux ou inférieurs au SMIC. Le logement social est concentré dans quelques arrondissements, les fameux quartiers nord.

En outre, la dégradation du parc privé est massive : Marseille compte 271 résidences en copropriété de plus de 100 logements, regroupant 68 667 logements représentant 20 % des ménages. Un quart de ce parc privé est en situation sociale difficile et un tiers fortement paupérisé abrite une population considérée comme « en forte situation de précarité ». Pour une quinzaine de grandes copropriétés, les problèmes d'usure physique et sociale sont comparables à ceux des plus dégradés des parcs HLM. Dans ce type de copropriétés comme dans le centre-ville on constate les mêmes phénomènes d'abandon de propriétaires incapables de financer les travaux. On estime la possibilité de telles expulsions à environ 17 % de l'ensemble de la zone de l'opération Euroméditerranée.

Le périmètre du projet Euroméditerranée est resté populaire d'abord à cause du port et de ses activités industrielles. Mais il est aussi le résultat d'une politique d'urbanisme qui part des années soixante et qui s'inscrit a contrario de toutes les tentatives de planification de l'époque. L'actuel maire UDF, Jean-Claude Gaudin, était également l'adjoint à l'urbanisme sous la municipalité socialiste-centriste de Gaston Defferre. Son idéologie a toujours été libérale[56]. Proportionnellement aux autres communes, Marseille a construit peu de logements sociaux, en laissant le soin aux populations ouvrières d'accéder à la propriété. Avec la crise de l'emploi et la pression sur la stabilité autant que sur le niveau des revenus, une partie de ceux qu'on avait ainsi dirigés vers la propriété du logement se sont trouvés pris dans un système auquel il leur était impossible de faire face. Dans le même temps ce parc locatif privé a fourni, en particulier dans le centre-ville, un marché des taudis sur lequel le dispositif RMI joue un rôle important à travers le phénomène associatif.

---

[56] Ce libéralisme, qui se méfiait de la planification et privilégiait déjà le marché, venait conforter la guérilla menée par Gaston Defferre contre les tentatives étatiques de limiter le pouvoir des élus dans les aires métropolitaines. Le maire de Marseille, qui mena ultérieurement la décentralisation, joua ainsi un rôle très important dans l'échec de l'installation des villes nouvelles dans la zone de Fos. Il reçut le soutien de l'ensemble des maires et des élus du Conseil général. Au-delà de cette lutte de pouvoir contre l'État gaullien, toute la politique planificatrice était mise en cause.

Le marché des taudis

Dans le centre-ville de Marseille, deux processus sont à l'œuvre : le premier est classique puisqu'il s'agit de l'exode d'une partie des couches prolétariennes selon le schéma rénovation-déportation bien souvent étudié. La ville rachète les immeubles et les hôtels meublés à un prix très supérieur, s'ils sont vidés de leurs occupants. Dans ce cas les propriétaires se chargent d'expulser les locataires, ceux des hôtels meublés en particulier. Parallèlement il existe un florissant marché privé des taudis qui se développe malgré la réhabilitation. Ce marché des taudis prospère sur la transformation des espaces urbains, sur la précarité et l'urgence. Ainsi les aides apportées aux propriétaires pour qu'ils réhabilitent les logements en vue d'une location aux étudiants peuvent, faute d'un locataire étudiant ou à cause de la dégradation rapide de ce type de logement, retourner au marché du taudis comme une solution temporaire.

Grâce aux subventions publiques et à l'activité du milieu associatif qui fournissent des garanties aux propriétaires bailleurs, avec le recours au tiers payant, avec les ALS et le FSL, le passage obligé par les ateliers de recherche logement, la clientèle Rmiste est désormais recherchée par les propriétaires. Ceux-ci sont à peu près assurés de percevoir leurs loyers et ils ne sont en aucun cas obligés, si le locataire est d'accord, de le rendre confortable ou salubre. Parfois le Rmiste qui a une qualification manuelle le retape à ses frais. De fait le Rmiste, en situation de précarité et d'urgence, se montre effectivement moins regardant sur l'habitation offerte.

Les propriétaires ne craignent pas d'affirmer que ce *marché des taudis* est un parc social privé. Dans une conférence sur la rénovation du centre-ville, l'UNPI décrit ainsi le patrimoine immobilier marseillais :

« *Le parc social représente de 30 à 40 % du parc locatif privé, réparti sur l'ensemble du territoire. Il est implanté majoritairement dans le centre-ville (...). Il est constitué essentiellement de logements situés en immeubles collectifs, le plus souvent dépourvus d'ascenseur et non rénovés depuis au moins dix ans.*

Ces logements bénéficient dans leur majorité des éléments de confort, le chauffage central étant l'élément qui fait le plus fréquemment défaut. Il s'agit principalement de "deux pièces" ou de "trois pièces" dont la surface moyenne varie d'une trentaine à une soixantaine de m2. Le loyer mensuel de ces logements s'inscrit dans une fourchette allant de 16 à 30 francs le m2, étant toutefois précisé que la fourchette dominante se situe entre 21 et 25 francs ».

Pour revendiquer l'emploi du terme *parc social privé*, les auteurs du rapport de l'UNPI soulignent que les propriétaires pratiquent un prix inférieur à ceux du parc social public et louent à de nombreux Rmistes (aucun chiffre n'est avancé). L'évocation des propriétés et des propriétaires nous renseigne sur l'état réel de ce parc social privé :

« Les logements souvent vétustes et mal entretenus, appartenant à des propriétaires en général âgés et peu fortunés, loués à des loyers insuffisants pour en permettre la remise en état, redevables d'impôts locaux en perpétuelle croissance, il apparaît en l'état actuel sérieusement menacé dans sa survie. On se doit d'ajouter à ces lourdes contraintes, le contexte économique actuel qui multiplie les impayés de loyer. »

Les tensions contradictoires auxquelles est soumis l'hyper-centre marseillais dans lequel devrait se développer le quartier d'affaires d'Euroméditerranée aboutissent à une fragmentation de cet espace central en îlots réhabilités (en général autour d'un bâtiment culturel ou d'une place) et en îlots dont la dégradation s'aggrave. Le modèle d'urbanisation privilégié par le projet centre d'affaires passe incontestablement par une phase intermédiaire bien connue : les espaces centraux populaires deviennent des zones de *marginalité*, en d'autres termes des zones de paupérisation. Cette phase de paupérisation, de précarité dans le logement, précède la véritable rénovation et la flambée foncière. La reconquête est effectuée au terme d'une ghettoïsation. On chasse plus aisément cette population que les couches populaires traditionnelles, les ouvriers, les employés avec leurs familles, en situation de mobilité ascendante. Pourtant ce sont les mêmes à une génération près. Il s'agit bien de paupérisme, une désaffiliation d'abord de l'emploi stable, ensuite des moyens de consommation dont le logement fait partie.

Voici quelques observations sur ces îlots paupérisés au titre du *parc social privé* revendiqué par les propriétaires : la superficie d'un appartement est de 4 à 9 mètres carrés. Les loyers varient de 500 à 1 500 francs : ils sont supérieurs à leur vraie valeur locative dans des zones dégradées. Ces baraquements sont en-deçà des normes d'hygiène, de confort et donc d'habitabilité. Un propriétaire a enlevé les tuiles des toits de son immeuble en posant des parpaings, des châssis et des vitres. Cette zone précaire est un nouvel appartement, voire deux. D'anciens magasins, leurs caves divisées par des cloisons plus ou moins bâties, deviennent officiellement des *studios* derrière leurs façades murées ou les rideaux fermés toujours surmontés d'enseignes.

Le marché du travail

Par le biais du tissu associatif, les subventions publiques en faveur de la lutte contre l'exclusion diminuent les risques des propriétaires de taudis sans pour autant peser sur le marché du logement qui reste aussi *libre* que possible. Mieux, ce marché défend de plus en plus la liberté du propriétaire. Et les mesures en faveur du logement des pauvres vont dans le sens de la libéralisation de ce marché.

Pour sa part, le salarié continue à se situer dans un autre marché, celui du travail. Comme nous l'avons vu, le statut du salarié précarisé reste lié à l'emploi, qu'il soit salarié à temps partiel, chômeur, travailleur clandestin dans les conditions les plus défavorables ou dans l'informel urbain. L'ensemble de ses conditions d'existence dépend de ce statut qui est celui d'un individu vendant sa force de travail. Dans la section VII du livre I du *Capital* consacrée au paupérisme, Marx analyse la manière dont il a fallu historiquement couper le travailleur non seulement de ses moyens de production (essentiellement la terre), mais aussi, dans le même temps, de ses moyens de consommation (sa masure liée à la terre). *La désaffiliation,* qui ne se limite jamais au seul travail mais englobe tous les modes d'existence sociale, fait partie des conditions de l'accumulation primitive. Mais chaque phase d'accumulation, chaque nouvelle crise systémique, développe un nouveau type de paupérisme, une nouvelle expropriation *légale*. C'est pourquoi nous replacerons l'ensemble de ces descriptions de la paupérisation de la population marseillaise dans le contexte international qui lui donne sens.

Le cas marseillais nous permet d'analyser comment on passe d'une logique portuaire et industrielle à une métropolisation tertiaire autour d'activités hautement valorisées. Nous sommes dans la première phase, celle où on liquide le système ancien sans que la métropolisation tertiaire à haut niveau de qualification relève d'autre chose que d'un projet. C'est un simple pari qui repose sur la capacité d'une ville à s'ancrer sur un type de développement international, rien ne dit que ce pari largement spéculatif à tous les sens du terme réussisse, même dans la logique capitaliste. Le marché du travail lié à ce type de métropolisation suppose l'expansion rapide d'une classe d'employés à haute qualification et à hauts revenus, concentrés dans les villes. Cette expansion fait monter la demande de logements, de produits de services de luxe. Paradoxalement, l'organisation du travail pour ce type de produits et de services est moins mécanisée que celle de la production de masse antérieure. Derrière ce type de produits, il y a de plus en plus souvent un système de production tiers-mondisé, fondé sur une main-d'œuvre à très bas salaires, qui travaille souvent dans des ateliers clandestins. Ainsi, les années 80 ont vu croître dans des villes comme New York, Los Angeles, Londres, et même Tokyo et Paris, une multiplication de ces ateliers. La main-d'œuvre de maintenance, nécessaire à l'entretien des secteurs de haute technologie et de réseaux informationnels, crée à son tour une demande de produits et de services peu coûteux qui, confrontés à la spirale ascendante des prix et des profits en milieu urbain, va de pair avec l'improvisation, le travail clandestin et la mise en place d'économies de survie en marge de la société. Et si cette observation ne souffre aucune objection à l'échelle mondiale, au niveau de la nouvelle répartition des activités industrielles, elle n'en souffre pas davantage au niveau des concentrations métropolitaines au cœur des espaces centraux. L'informel qui se développe dans les espaces périphériques trouve son équivalent à l'intérieur de l'espace métropolitain central. La précarité structurelle renforçant la mise en concurrence individualisée de cette force de travail. D'où, selon nous, le caractère structurel de l'*exclusion* dans la constitution de la totale flexibilité de cette main-d'œuvre urbaine. Nous avons vu que le RMI se présentait comme un revenu minimum inconditionnel en relation avec la multiplication du travail au noir et de la précarité de l'emploi. La ville apparaît bien comme le lieu où se développent des services, du tertiaire, ne serait-ce que parce que la main-d'œuvre précarisée des agences d'intérim est recensée dans le tertiaire. Qu'il s'agisse du plus haut niveau technologique jusqu'à cet informel urbain, les catégories traditionnelles du secondaire ou du tertiaire doivent être reconsidérées à travers une analyse du travail productif et de la hiérarchie de ces activités dans la logique d'accumulation.

L'exemple marseillais nous permet de mesurer la nature de l'*exclusion* puisque le maintien des couches populaires au sein des espaces centraux est caractéristique de cette ville. Mais ces espaces centraux correspondent à l'ensemble de l'agglomération où la population ouvrière reste importante et où la montée du chômage, les bas salaires, la précarité sont plus marqués que dans l'ensemble français, malgré la progression des employés et des professions intermédiaires. La part des ouvriers dans la population active est certes en constante régression (en 1962 ils étaient 115 594, soit 38,1 %, en 1975, 33,1 % et en 1990, 83 406 soit 25,7 %). Cette évolution s'est faite par rééquilibrage au sein des catégories populaires, puisque la proportion des employés est passée progressivement de 30 % (91 760) en 1962 à 34 % en 1990 (111 314).

En relation avec cette dominante populaire, le nombre des chômeurs est passé de 11 000 en 1962 à 25 000 en 1975 et 62 000 en 1990. Leur pourcentage dans la population active a crû de 4 % en 1962 à 7 % en 1975 et 19 % en 1990. Un taux nettement supérieur à la moyenne nationale du chômage qui en 1990 était de 9,4 %, et même à la moyenne départementale. Il s'agit d'une moyenne pour la ville mais celle-ci augmente fortement dans les zones résidentielles populaires. L'évolution correspond bien à une diminution des emplois industriels qui sont passés durant la même période de 76 325 en 1962 à 33 154 en 1990. Au début la croissance du tertiaire compense, mais à partir de la fin des années 70, elle est à son tour affectée. Le commerce de détail perd des emplois au profit des grandes surfaces périphériques, les transports chutent à leur tour en liaison avec le déclin portuaire. Mais c'est surtout le secteur public (collectivités territoriales, sécurité sociale, éducation, santé), moteur de la croissance du tertiaire de 1962 à 1975, qui s'effondre avec les mesures de rigueur budgétaire à partir de 1983, ce qui se traduit par une perte de 5 000 emplois.

Résultat : alors que Marseille a connu depuis plus d'un siècle une croissance continue, sa population décroît : 908 600 habitants en 1975 et 800 550 habitants en 1990. La population marseillaise vieillit. L'immigration est bloquée. La ville cosmopolite est désormais parmi les villes françaises celle qui compte la plus faible proportion d'étrangers, ceux-ci sont 7 %. Se promener dans Marseille peut donner l'impression d'une sous-estimation statistique, en fait il s'agit d'anciennes vagues d'immigration dont les enfants sont plus intégrés qu'ailleurs puisque c'est dans cette ville que les mariages mixtes sont les plus nombreux. La décrue de la population marseillaise est d'autant plus remarquable qu'elle est unique par rapport à Paris et à Lyon et par rapport à d'autres villes de la région. Marseille risque de ne plus être un lieu d'immigration mais un lieu d'émigration d'une population pauvre frappée par le chômage. Les premiers résultats du recensement de 1999 montrent que Marseille a relativement bloqué sa chute de population (-0,36 % seulement) alors que celle-ci se poursuit dans la plupart des villes à forte dominante prolétarienne, comme celles de l'Île-de-France.

L'évolution du marché du logement des pauvres

Contenu réel du droit au logement

Comme le droit au travail, le droit au logement demeure tout à fait proclamatoire. On ne sait plus très bien s'il s'agit d'un droit du citoyen, d'un droit social ou d'un objectif des politiques publiques. Les associations qui s'occupent du logement des *exclus* tentent d'instituer une jurisprudence qui installe un embryon de droits sociaux. Mais le droit au logement se heurte au droit de propriété. Et celui-ci prend d'autant plus de force que le marché du logement se libéralise comme tous les marchés de biens et de services. Là encore, nous constatons que le traitement social de la pauvreté (né de la déréglementation des droits acquis du salariat), tend à renforcer la libéralisation du marché du logement.

A travers trois réformes successives (1982, 1986, 1989) ce droit au logement a d'abord porté sur les statuts d'occupation et sur les rapports entre locataires et propriétaires. Le phénomène de plus en plus massif de gens qui, n'ayant plus de travail, soit ne peuvent pas accéder au logement, soit ne peuvent s'y maintenir, n'était pas pris en compte avant la loi du 31 mai 1990. Celle-ci a reconnu à *« toute personne ou famille éprouvant des difficultés particulières (...) le droit à une aide de la collectivité pour accéder à un logement décent ou s'y maintenir »*. La loi prolonge celle sur le RMI de 1988.

Le droit au logement des personnes défavorisées n'enlève aucune des prérogatives du droit de propriété, la loi n'élargit pas les droits du preneur mais autorise la mise en place de mesures d'incitation à la location grâce à l'aide de la collectivité. Grâce aux dispositions de cette loi et de ses applications, il est possible :

– Premièrement, de constituer une jurisprudence en arguant de points particuliers. Par exemple, les responsables d'associations qui aident les personnes en difficulté peuvent obtenir, en collaboration avec un avocat, que les familles en situation précaire bénéficient de délais. Plus généralement, la loi favorise toute une pratique d'arbitrage et de conciliation entre propriétaires et locataires, elle permet aussi parfois de réviser à la baisse des factures d'endettement.

– Deuxièmement, cette loi n'a aucun retentissement sur la qualité du logement offert. Si le pire taudis trouve preneur, ce dernier est obligé de se conformer à ses engagements. Les droits du propriétaire sont garantis : la loi n'affaiblit aucune de ses prérogatives. La population en situation de précarité se trouve de fait contrainte d'accepter ce qu'on veut bien lui offrir et le marché du taudis est non seulement plus dégradé mais plus cher relativement que le marché normal.

– Troisièmement, la collectivité fournit des aides de telle sorte que ce marché du taudis trouve preneur dans des conditions optimales pour le propriétaire. Ainsi une association qui organisait des *ateliers recherche logement* pour apprendre à l'individu précarisé à chercher un logement et à connaître ses droits à la négociation s'est aperçue que les propriétaires considéraient ces ateliers comme des viviers à locataires pour des logements insalubres.

L'association à laquelle nous faisons référence est l'AMPIL. Son directeur analyse avec lucidité les résultats de son action :

« Quand on analyse ce qu'on fait, on se dit qu'on a de bons résultats. Mais nous avons fabriqué un système assez pervers où les propriétaires aujourd'hui nous appellent pour nous demander de leur envoyer des personnes de nos ateliers de recherche de logements. On s'aperçoit que les propriétaires préfèrent nos Rmistes et nous demandent de donner leurs noms et adresses dans nos ateliers, de fait il y a eu un effet très pervers : on a permis que les loyers augmentent d'une manière très sensible pour des logements d'une qualité médiocre. Les gens peuvent ainsi loger à la Belle-de-Mai (quartier ouvrier marseillais) dans des types 3, alors qu'il existe près de la Corniche (quartier bourgeois) des logements comparables, moins chers et d'une qualité deux fois supérieure. Qu'a-t-on produit sur le marché ? De la fluidité, alors qu'il y a une grande vacance d'appartements, et la fluidité, c'est ce qui permet d'accroître la rentabilité d'un parc vacant. Nous n'avons pas analysé le marché... »

L'illégalité : une nécessité

Charles Hoareau, le leader du mouvement des chômeurs CGT, très fort dans les Bouches-du-Rhône, pose en février 1998 dans une interview la question du logement :

« *C'est complètement différent du mouvement syndical habituel, parce que la situation des chômeurs est volontairement individualisée. Il y a 27 cas différents d'indemnisation du chômage. Cela n'existe pas chez les salariés. L'absence de revenus, ou en tout cas de revenus décents, entraîne dans l'urgence toute une série de revendications. Le logement par exemple, il n'y a pas que les chômeurs, certains salariés sont mal logés, trouver un logement peut être urgent pour eux, mais le problème n'a pas ce caractère aigu et massif qu'il prend pour des chômeurs. A des travailleurs mal logés, on peut proposer une pétition, un chômeur rigolerait et refuserait de la signer. La seule attitude possible, c'est de fracturer la porte d'un logement inoccupé et d'entrer.*
Tous nos actes sont illégaux alors que le droit de grève est reconnu par la Constitution. Dans notre document d'orientation nous l'avons écrit l'action des chômeurs oblige parfois à conduire des actes dans l'illégalité. Je suis déjà passé neuf fois en procès. Je repasse vendredi et je repasserai encore, parce que le droit de se défendre au niveau de ce qu'ils subissent n'est pas reconnu pour les chômeurs. »[57]

L'analyse de l'extension du marché du taudis parallèlement à celle de la paupérisation prolétarienne marseillaise nous renvoie à l'analyse d'Engels dans *La question du logement*. On se souvient que ce dernier s'insurge contre le développement de l'accession à la propriété pour les ouvriers. Engels insiste sur le fait qu'en accédant à la propriété l'ouvrier régresse et perd une part de la liberté acquise, celle à travers la mobilité de vendre sa force de travail au plus offrant. De surcroît, en cas de crise et de chômage l'individu serait immobilisé par une propriété qui perdrait de sa valeur. C'est pourquoi il affirmait que quelles que

---

[57] Interview de Charles Hoareau réalisée par Emmanuelle Benson, publiée dans les *Temps modernes*, Juillet-août-septembre 98. n° 600. p. 45.

soient les conditions « *infâmes* » que vit l'ouvrier dans son logement : « *le rétablissement généralisé de la propriété individuelle du logement, au cas où elle serait effectivement possible dans les conditions de production existantes, serait une régression* ». Il y aurait régression parce que l'ouvrier retrouverait les conditions d'aliénation du paysan lié à la terre seigneuriale alors que le déracinement (la désaffiliation dirait Castel) fait partie de la liberté chèrement acquise sous le capitalisme. Ce déracinement est d'abord une rupture avec le moyen de production essentiel qu'est la terre mais aussi, par voie de conséquence, avec tous les moyens de consommation, en particulier le logement. C'est pourquoi la crise du logement est une composante du système capitaliste qui dépend de la situation de l'ouvrier dans la production. Une telle analyse dans les années soixante et même soixante et dix, c'est-à-dire la période correspondant non seulement à une amélioration continue de la condition ouvrière mais aussi à son intégration dans l'ensemble du salariat en termes de revenus et de stabilité de l'emploi, paraissait relever d'un certain dogmatisme marxiste. Pour beaucoup elle apparaissait comme une négation de l'évolution de la classe ouvrière.

L'évolution des politiques publiques par rapport au marché du logement

Si l'analyse d'Engels pouvait paraître à cette époque complètement dépassée, c'était parce que par le biais du logement social, l'État était parvenu à peser sur le marché immobilier.

Depuis la fin des années 70 et le début des années 80, il n'y a pas eu seulement une dégradation des conditions de vie du salariat des couches inférieures : il y a eu également retrait de l'intervention publique sur le marché du logement et un retour à un marché libre. A partir de 1977, on assiste au passage de l'aide à la pierre à l'aide personnalisée, donc à un coup de frein dans le développement du logement social. Toute une politique de l'intervention publique est revue. La politique d'habitat social correspondait à un certain équilibre entre politiques publiques et marché du logement. A travers la renonciation à l'habitat social, le retour au marché et l'aide personnalisée, toute une conception de la mobilité ascendante de la classe ouvrière et des catégories inférieures du salariat est de fait remise en question.

Le système reposait sur l'intégration ouvrière dans l'ensemble du salariat par amélioration de ses revenus, de la stabilité, mais aussi de la transformation de ses modes de vie. Cette évolution de la condition prolétarienne a bien été analysée par Michel Verret dans *L'espace ouvrier*. Le HLM non seulement était censé regrouper toutes les catégories de salariés, du manœuvre au cadre moyen, mais il était conçu comme un jalon de l'ascension des ménages désirant accéder à la propriété. L'accès à la propriété libérait des logements locatifs HLM dans lesquels arrivaient de nouveaux mal logés des taudis ou des jeunes couples en phase de stabilisation dans la famille comme dans l'emploi. On voit que ce système était loin du radicalisme d'Engels.

Tant que la classe ouvrière au sein du salariat a vécu une amélioration continue de son niveau de vie et une stabilité dans l'emploi, l'action publique centrée sur la constitution d'une offre immobilière bien définie fut à la fois efficace sur le plan social et sur le plan économique. Au début des années 80, avec la pression sur les salaires et sur l'emploi, le niveau général des salaires stagne et même baisse pour les catégories inférieures du salariat qui rentrent dans le chômage et la précarité. Ce que l'on appelle alors l'exclusion se développe et elle a bien évidemment un ancrage dans le travail mais aussi une incidence profonde sur le retour en force de la *question du logement*. Le modèle promotionnel du logement se bloque : une partie de la population la plus prolétarisée est captive dans le HLM. Il n'est plus question pour elle d'une trajectoire ascendante vers la propriété du logement. Le propriétaire du logement au chômage est également pris au piège même si le phénomène est parfois masqué par l'inégalité des générations devant l'exclusion. La montée des remboursements, la baisse de l'inflation et des revenus familiaux, rendent souvent le piège encore plus féroce, le nombre de propriétaires qui ne peuvent assumer l'entretien des copropriétés à Marseille en témoigne.

Le HLM devient le symbole d'un déclassement dans une situation où une partie du salariat est menacée de précarité. Les salariés à revenus moyens et stables s'enfuient dès qu'ils le peuvent en accentuant l'effet de ghettoïsation du logement social. L'aide personnalisée et surtout la réforme du financement du logement social jouent un rôle dans le retournement de ce modèle promotionnel en espace de relégation. En se dégageant du logement social, l'État abandonne au marché la production de la plus grande partie de l'offre immobilière. Il soutient les investisseurs privés par le biais d'aides fiscales. Il concentre de plus en plus sa propre contribution financière sur la création d'une offre de logement et d'hébergement pour personnes en difficulté, urgence et insertion.

Avec la décentralisation d'autres contradictions apparaissent entre une intervention publique étatique, centrée à travers les politiques de la ville sur le relogement des mal-logés et des exclus, et les collectivités locales plus désireuses de restaurer l'image de leur ville par des constructions neuves ou des réhabilitations du patrimoine, en particulier dans les centres-villes. La décentralisation en effet intervient parallèlement aux mesures d'aide personnalisée et à la réforme du financement du logement social, ce qui prive effectivement l'acteur public des collectivités territoriales de sa capacité d'action sur le marché immobilier par une intervention vraiment efficace sur l'offre de logements. Il ne lui reste plus que le POS, la désignation des espaces fonciers. Comme il est rare que les collectivités locales aient les moyens de subventionner une importante production immobilière, elles sont conduites à des logiques de *projet*, à des opérations ponctuelles partiellement inefficaces sauf en matière de lisibilité au moment des échéances électorales. Ces collectivités s'engagent dans la valorisation du patrimoine urbain central et de l'image de la ville pour y attirer les investissements privés par une politique de *communication* qui est du pur marketing.

N. Deakin et Edwards ont montré la dimension idéologique de certaines opérations d'aménagement face au déclin des centres urbains industriels. Ces opérations se résument souvent à des interventions ponctuelles plus ou moins prestigieuses assorties d'un maximum de marketing, de vente d'images et de slogans, de concepts tenant lieu de politique. Mike Davis dans *The city of Quartz*[58] note à quel point la conjonction entre les grands intérêts immobiliers et le marketing autour de l'idéologie sécuritaire aboutit à une véritable sécession des riches et à la constitution d'espaces ghettos de riches, à la disparition des espaces publics ouverts à toute la ville. Si on accepte sa démonstration, on conçoit aisément que la reconquête d'un centre-ville passe par une phase de ghettoïsation, grâce à laquelle il est possible dans une phase ultérieure, et grâce à une alliance entre les couches moyennes et les grands intérêts, de nettoyer des quartiers populaires devenus poches de misère et donc d'insécurité. Est-ce cela qui est en train de se passer à Marseille, non seulement dans le périmètre central d'Euroméditerranée mais également dans la zone de l'Estaque que nous étudions dans le chapitre suivant ? Cela paraît d'autant plus vraisemblable que premièrement, si le marché des taudis prospère, la reconquête est déjà amorcée pour empêcher une véritable installation des couches populaires[59]. Deuxièmement, l'opération Euroméditerranée reste largement de marketing.

N. Deakin et Edwards définissent les interventions ponctuelles des pouvoirs publics assorties de marketing comme de *l'entreprise culture* parce cette entreprise suppose de la part de ceux à qui elle est destinée une totale adhésion au néolibéralisme, à ses thèses du primat du marché sur toute planification et propriété publique.

Mike Davis montre que cette adhésion des *cols blancs* passe par le *populisme sécuritaire*. Selon lui, ce populisme est le ciment d'une alliance entre les couches moyennes et les grands intérêts privés à travers la dénonciation d'un prolétariat toujours *dangereux* et *barbare*. La paupérisation du prolétariat, son passage obligé par une phase d'expropriation de l'emploi mais

---

[58] Mike Davis. *The City of Quartz*. La Découverte, 1998.
[59] Ainsi le pacte ARIM, chargé du relogement des populations défavorisées, avait obtenu une convention avec l'ancienne municipalité Vigouroux, pour le centre-ville. Cette convention, déjà votée, n'a pas été remise en cause par l'actuelle municipalité de droite mais elle n'a été assortie d'aucune des mesures habituelles d'accompagnement social des populations défavorisées.

aussi du logement, affecte les populations immigrées mais pas seulement celle-ci : l'exclusion est un phénomène plus large. Ce nouveau vagabondage organisé à l'échelle sociale aboutit au renforcement des concurrences par rapport à l'obtention de l'emploi mais aussi du logement. Il développe de ce fait l'individualisation, rend nécessaires les formes de lutte à la limite de l'illégalité comme les modes de survie. Il renforce donc l'image de la dangerosité et donne corps à l'idéologie sécuritaire. L'extension du marché des taudis est sans doute un moyen de favoriser une politique d'expropriation dont l'acceptation passe par une alliance de fait entre les grands bénéficiaires du libéralisme, *la pieuvre* dit Mike Davis, et les couches moyennes. Une telle alliance, juge-t-il, ne peut se réaliser que parce que les couches moyennes ont perdu tout sens des processus globaux, si tant est que celles-ci sont enfermées dans une vision myope de leurs intérêts.

Chapitre VIII

Lutte pour l'emploi et enfermement dans un territoire[60]

---

[60] Avec la collaboration d'Olivier Massebœuf.

L'implantation d'une zone d'emploi dans les quartiers Nord

Le centre-ville traditionnel de Marseille n'est pas la seule zone concernée par la transformation en métropole tertiaire. Au-delà de la cité phocéenne toute l'aire métropolitaine marseillaise doit subir un réaménagement. Le centre doit s'étendre également à toute une zone de transport, ferroviaire, aérien, routier, maritime qui comprend les *quartiers nord*. Ceux-ci jouissent d'un site maritime exceptionnel. Mais le centre-ville de Marseille et les quartiers nord correspondent également à ce que le rapport de la DATAR définit comme le *trou noir* de l'exclusion. C'est pour cette raison que nous avons souhaité nous intéresser à l'implantation d'une gigantesque surface commerciale dans ces quartiers nord. En outre, si jusqu'ici nous avons étudié la paupérisation d'une population, celle du centre-ville traditionnel, nous sommes confrontés dans les quartiers nord aux vestiges d'une organisation de classe de cette population. Ce chapitre en montre à la fois les potentialités de lutte et les limites d'une telle lutte. Le territoire est bastion, lieu de résistance mais aussi, dans le même temps, lieu d'enfermement d'une population captive.

Le Grand Littoral est la plus grande surface commerciale d'Europe. Le choix a été fait de l'implanter dans les quartiers non seulement les plus prolétarisés, donc les plus *stigmatisés* de Marseille, mais aussi ceux où traditionnellement le vote communiste est le plus important.

L'histoire débute symboliquement par une expropriation. Le site des anciennes tuileries de Saint-André abritait depuis près de quarante ans un *sous-prolétariat*, logé dans un habitat précaire, vivant sur le lieu dit *la Lorette*. Pour que soit installé le centre commercial, la majeure partie de la population fut relogée à proximité, dans des logements sociaux construits de 1993 à 1994, pour la circonstance, par la société TREMA. La nouvelle cité fut baptisée par ses habitants Cité Lorette : ils changeaient de résidence mais emportaient leur nom d'origine avec eux.

Les quartiers nord ont été popularisés par un film qui a séduit la France entière, « Marius et Jeannette », un conte moral, un peu irréel mais qui a bien saisi la manière dont l'appartenance au quartier est revendiquée par l'ensemble des couches populaires marseillaises. Celles-ci considèrent leur quartier comme un espace d'identification. Le territoire participe d'une production identitaire, il s'agit d'un classement pratique, orienté vers la production d'effets sociaux, entre le stigmate et l'emblème. Ces quartiers ont longtemps dépendu du port et du tissu industriel qui s'était développé autour des quais. Il est difficile ici de décrire les conséquences sur les modes de vie d'une telle implantation portuaire, contentons-nous de quelques traits : le premier est l'existence d'une main-d'œuvre abondante, peu qualifiée, renouvelée à chaque immigration et que le patronat marseillais se soucie peu de fixer par des politiques paternalistes, des quartiers prolétariens abandonnés de tous et en particulier de l'Église. Un mouvement ouvrier remuant mais qui s'organise rapidement et parfois dans des luttes internes violentes, comme quand les troupes communistes de François Billoux ont reconquis le port et les quartiers nord sur les bandes fascistes de Sabiani. Incontestablement à partir de cette histoire une hégémonie ouvrière s'est développée sur ces quartiers, et tant qu'il y a eu du travail, l'intégration de chaque vague d'arrivants s'est assez bien faite[61].

Dès 1988, la société TREMA avait commencé à acheter des terrains. Le relogement ne s'opéra pas sans difficultés : les familles subissaient une hausse conséquente de leur loyer ; elles vivaient les nuisances du chantier du Grand Littoral, du bruit et

---

[61] Si on ne peut pas nier l'existence de tensions entre les immigrés et la population de souche, un simple examen des résultats électoraux, comme l'ont montré Gilles Ascaride, Thierry Bloss et Judith Rouan dans leur article de la *Revue française de sciences politiques*, volume 49. n° 2, avril 99, « Le vote Front national dans les Bouches-du-Rhône ; Laboratoire de l'alliance entre la droite et l'extrême droite ? », les anciens électeurs communistes d'origine prolétarienne ne votent pas dans leur masse pour le Front national dans ces bastions, soit ils s'abstiennent soit ils votent socialiste. Il y a toujours eu dans les quartiers nord un vote de droite, celui-ci tend à se radicaliser. Le Front national fait ses meilleurs scores dans les quartiers bourgeois, à forte implantation de droite. Il convient également de noter l'influence des rapatriés d'Algérie et de leurs organisations. On peut dire que quand Le Pen s'est présenté dans les quartiers nord, convaincu par la *doxa* qui affirmait que les couches prolétariennes le soutenaient, il a subi un échec.

des nuages de poussière permanents. De surcroît, très tôt, l'habitat se révéla de mauvaise qualité sur un terrain de fait non constructible[62]. Le projet d'installer un grand centre commercial dans ce lieu occupé par un bidonville n'était pas récent. La mairie socialiste de Gaston Defferre avait depuis longtemps affiché l'ambition de transformer la zone portuaro-industrielle en un nouveau grand pôle économique tertiaire. L'affaire pourrait se résumer en quelques mots : ces quartiers prolétariens votaient mal (communiste), ils avaient été laissés à l'abandon par la mairie de Gaston Defferre. L'hostilité avait grandi entre la population et la municipalité qui, bien que dirigée par un socialiste, s'alliait avec la droite. L'exemple type de cet état d'abandon était non seulement le maintien tardif de vastes zones de bidonvilles mais le fait que le quartier de Saint-Henri, au début des années 60, n'avait toujours pas le tout-à-l'égout. Un tombereau passait tous les matins en récoltant les vases de nuit.

Pour se protéger du danger communiste, la droite, pourtant plus forte alors que le parti socialiste, avait largement contribué en 1953 à l'élection d'un maire socialiste. Celui-ci avait tenté non seulement de prendre Marseille mais également d'installer son propre contrôle sur le port dominé par la CGT[63]. Dès la fin des années 80, où se met en place une municipalité d'union de la gauche dirigée par Gaston Defferre puis une nouvelle municipalité socialo-centriste avec Robert Vigouroux[64], ces quartiers entrent peu à peu dans la logique générale de la politique urbaine marseillaise. Le port est transformé. Il passe d'une dynamique traditionnelle port-industrie à un développement tertiaire supérieur.

---

[62] Dès ce moment débute une guérilla entre la mairie de secteur communiste et la mairie centrale : la mairie de secteur est présente lors de l'expulsion des 13 familles de la Cité de Lorette. Elle intervient pour l'emploi et la sécurité sur le chantier du site du Grand Littoral. Elle est à la tête des protestations lors de l'affaissement du terrain. Elle ne cesse de provoquer des débats et des interventions pour le maintien des populations sur place.
[63] Cf. Danielle Bleitrach et Jean Lojkine. *Classe ouvrière et social-démocratie. Lille et Marseille*, Éditions sociales, 1981.
[64] Un fort mouvement d'opinion porte Robert Vigouroux à la mairie de Marseille. Même dans les quartiers nord où, pour la première fois depuis 1934, la liste communiste est battue. Cependant le maire de secteur et ses principaux adjoints sont des dissidents communistes ralliés à Robert Vigouroux.

La politique urbaine accompagne l'initiative privée, à la fois par des équipements en sa faveur et en développant un véritable marketing : la vente de l'*image* d'un Marseille rénové. Cette politique qui accélère le renoncement au port est mal comprise par l'ensemble des Marseillais, aussi bien du monde prolétarien que de celui de la Chambre de Commerce. La droite va revenir au pouvoir avec Jean-Claude Gaudin comme maire et dans les quartiers nord Guy Hermier, le député communiste, reconquiert la mairie d'arrondissement des 15e et 16e.

Le GPU (Grand Projet Urbain) des quartiers nord est mis en place au début des années 90. Il s'agit de projets qui, à l'inverse des DSU (Développement Social Urbain), doivent présenter un caractère exceptionnel tant par leur faible nombre (10 pour toute la France à l'époque et 13 en 99) que par les moyens financiers dont ils bénéficient. Le GPU est un moyen de coordination permettant de développer de nouvelles relations entre les pouvoirs publics et les investisseurs privés. Celui des quartiers nord regroupe à ce titre des représentants de la ville, de la région, du port autonome, de la chambre d'industrie et de commerce. Son instrument d'action essentiel est la zone franche.

Les conditions sont rassemblées pour que ce dispositif connaisse un échec : d'abord il hérite à sa tête de l'ancien maire de secteur au moment où ce sont les communistes qui reviennent en force. Le GPU se confond alors avec le projet du Grand Littoral et les véritables acteurs sont les investisseurs privés du centre commercial, l'ANPE locale, la mairie communiste, et ceci grâce à l'intervention systématique des habitants du quartier plus ou moins organisés par les comités chômeurs.

Le site de Grand Littoral et son environnement immédiat se trouvent au cœur d'un quartier prolétarien dont la population a commencé à émigrer, puisque entre le recensement de 1975 et celui de 1990, la population a baissé de 12 %. Cependant elle reste une population plus jeune que dans le reste de Marseille. Celle du Plan-d'Aou, que nous avons étudiée, est extrêmement jeune : 57,6 % ont moins de 20 ans (29,2 % pour la moyenne du 15e arrondissement et 23,5 % pour Marseille).

La population des 15ᵉ et 16ᵉ arrondissements, qui représente 11 % des Marseillais, connaît un taux de chômage plus élevé (autour de 25 % et 28,2 % au Plan-d'Aou, un grand nombre d'ensembles immobiliers du même type et des noyaux villageois : L'Estaque, Saint-Henri, Saint-Antoine) que Marseille (19 %). Ces arrondissements ont également un nombre important de Rmistes : 3 491 soit 17,2 % des Rmistes de Marseille. Le niveau scolaire est faible, 50 % de la population du 15ᵉ n'a aucun diplôme (Marseille 30 %). 10 % ont un bac ou plus (30 % à Marseille). Autre caractéristique d'un ensemble comme celui du Plan-d'Aou, la forte représentation étrangère (plus de 50 %), maghrébine (49 % de la population étrangère) et comorienne (18 %). Entre 1986 et 1993, il y a eu un départ de la population française de souche (-15 %) au profit des populations maghrébines (+10,5 %) et turques (+2,5 %). Alors que dans les noyaux villageois proches la population française reste majoritaire.

Ce quartier arrive à la fin d'un passé ouvrier en termes d'actifs mais la mémoire demeure vivace. Ce passé est sans doute lointain pour les jeunes du quartier, beaucoup d'entre eux sont issus de l'immigration.

La rumeur

La réalisation du projet de centre commercial géant incomba à une société privée, la société TREMA, qui se trouva ainsi à la tête d'une politique de redynamisation des quartiers nord. Cette politique semblait prendre une nouvelle orientation : délaisser le port pour un centre commercial, à vocation régionale, des logements sociaux, des bureaux et divers complexes de loisirs.

Qui connaît ces arrondissements des quartiers nord ne peut s'étonner que le projet de création du plus grand centre commercial d'Europe ait été, dès le départ, entouré de rumeurs. Une des plus insistantes était celle de la démolition d'un grand ensemble situé juste au-dessus : le Plan-d'Aou. Il semble, si nous devons croire ce que nous en a dit un chargé de projet de la DDE, que cette rumeur ait eu quelques fondements :

« Le problème du Plan-d'Aou est unique, il est lié au Grand Littoral, parce que TREMA, l'aménageur a dit aux pouvoirs publics : "Moi je fais le Grand Littoral mais vous vous détruisez le Plan-d'Aou". Je n'ai pas de témoignage écrit mais j'ai des témoignages directs ».

Le même chargé de projet a ajouté : « *cela fait vingt ans que l'on parle de la démolition du Plan-d'Aou* ». Un élu communiste de la mairie d'arrondissement nous a expliqué que grâce au ministre des Transports et du Logement, Jean-Claude Gayssot, il y a eu un véritable bras de fer entre la mairie de secteur et la mairie centrale, la subvention étant bloquée au ministère tant que le relogement sur place n'était pas obtenu.

Le fait est que pour les habitants du Plan-d'Aou et ceux du quartier la véracité de la rumeur ne faisait aucun doute. Elle était fondée sur la conviction qu'une activité économique de ce type s'accompagnait de la nécessité de *rehausser* l'image du quartier et donc de faire place à de nouvelles populations. Autre élément susceptible d'étayer la rumeur, cette délibération du Conseil municipal en juin 96. Monsieur Joly, conseiller municipal communiste des quartiers nord, interroge le maire, Jean-Claude Gaudin, sur l'avenir du Plan-d'Aou, celui-ci lui répond :

« La difficulté de ces affaires est que l'on reconnaît que ces ensembles ont, maintenant, atteint leur vieillissement. Même si des crédits très importants ont été engagés pour améliorer les conditions de vie de nos compatriotes. Il faut donc essayer de faire disparaître quelques-unes de ces tours et de ces barres. Cela se fait sur l'ensemble du pays. Cela s'est déjà fait à Marseille. Cela nécessite un relogement des gens qui habitent dans ces ensembles. Si l'on veut améliorer les conditions de vie de nos compatriotes – et nous voulons faire en sorte qu'ils vivent mieux que dans cet univers qui avait sa raison d'être il y a 25 ans, mais qui ne l'a plus aujourd'hui – il faut prendre des décisions courageuses ! C'est difficile ! Au lieu de nous encourager, une partie du Conseil Municipal vient nous compliquer la vie en disant aux gens de rester sur place ! Nous

essaierons de reloger le plus près possible les gens qui veulent rester dans ce quartier ! Nous ferons les efforts nécessaires ! »[65]

Notre enquête auprès des habitants du Plan-d'Aou, menée d'octobre 98 à février 99, les entretiens réalisés, nous ont en effet montré la manière contradictoire dont était vécue la *stigmatisation* des quartiers nord et singulièrement celle de leur cité. En premier lieu, il convient de noter le fait qu'il leur reste assez de conscience de classe pour analyser cette stigmatisation (voleurs, d'origine étrangère, pauvres) en termes d'affrontement capital-travail ou plutôt riches et pauvres. En second lieu, ces exclus concèdent que, quelles que soient les difficultés sociales accumulées dans leur zone d'habitat, celle-ci est bâtie sur un site exceptionnel, avec une vue panoramique sur la mer : « *d'autres ils payeraient pour l'avoir* », disent-ils. Ce privilège est susceptible d'attirer bien des envieux, et « *ils* » cherchent à les spolier de cette richesse. Ce monde prolétarien a une manière originale de poser le débat théorique entre déterminisme des structures et rôle de l'acteur. C'est en effet en situant sa propre expérience dans une structure de classe que l'habitant des quartiers nord peut se retrouver acteur. Mieux, cette référence incontournable à la division fondamentale entre riches et pauvres, foyer d'une suspicion permanente, ne fonde-t-elle pas la rationalité subjective des *exploités* et des *dominés* : quand la lutte des classes paraît avoir disparu, engloutie dans la *crise économique, la technicisation du politique, les pauvres* semblent s'enfermer dans le chaos de la violence ou de l'apathie ?

La rumeur de leur prochaine déportation ne cessait de s'enfler. Un événement, au début de la construction du Grand Littoral, entre 1993 et 1994, vint lui donner une tournure dramatique : l'affaissement du collège Henry-Barnier. Ce collège était situé à l'extrémité du chantier du Grand Littoral et le terrain sur lequel furent entrepris les travaux était mouvant, de l'argile, avec des

---

[65] Il convient de noter l'insistance du maire dans l'emploi du terme « compatriote ». C'est un argument électoral qui n'est pas avancé par hasard. Au cours de la même séance, les élus communistes lui ont reproché à plusieurs reprises d'avoir déploré dans une interview télévisée « le caractère trop coloré de la Canebière et du centre-ville ».

sources multiples. En l'aplanissant, sans études préalables d'hydrographie et du sol, les bords s'effondrèrent, et une partie du collège avec. Par bonheur il n'y avait pas d'enfants. « *Mais ça aurait pu se faire !* »

Aujourd'hui (en 1999), près de quatre ans après la fin des travaux et après l'ouverture du centre commercial, il n'y a pas eu de déportation des habitants de la cité. Une amorce de réhabilitation vient d'être lancée par les société HLM, propriétaires du site. Un bâtiment, à l'abandon depuis plusieurs années, inoccupé du fait de sa vétusté, a été détruit. A sa place de nouveaux logements sociaux doivent être construits. Il n'y a pas eu d'expropriation, ni de relogements à ce jour. La question que l'on peut se poser et qui ne recevra pas de réponse est de savoir si la rumeur était fausse et si on prêtait aux aménageurs de noirs desseins totalement inexacts ou si la rumeur et la combativité du quartier ont joué un rôle dans le fait que les habitants sont restés en place.

La lutte pour l'emploi

A côté des rumeurs alarmistes, de grandes espérances commençaient à poindre. L'ouverture de l'hypermarché et des nombreuses boutiques du centre commercial représentait aussi des promesses d'emplois relayées par les hommes politiques locaux dans un contexte de campagne électorale. On conseilla même aux demandeurs d'emplois d'envoyer leur curriculum vitae dans les mairies de secteur : il y en eut 8 000.

Mais quand commença le chantier, TREMA avait délégué les travaux à une masse de sous-traitants et ceux-ci arrivaient avec leur personnel ou éventuellement le recrutaient par le biais d'agences d'intérim. Cette situation déboucha sur la création de comités de revendication dans les cités (La Bricarde, la Castellane et le Plan-d'Aou). En relisant les tracts écrits à cette époque, on trouve pêle-mêle dénoncés le fait que le collège s'est effondré, le fait que les jeunes ne sont pas employés sur le chantier et aussi que l'installation de ce centre commercial est une véritable provocation pour des gens qui n'ont pas les moyens d'accéder aux richesses étalées devant eux. Le thème de la dépossession, d'une opération qui se fait à leur insu, reprenait de plus belle. Derrière ces comités il y avait la CGT des chômeurs (avec un de ses héros bien connu Charles Hoareau, mais aussi les unions locales CGT des quartiers nord). Les chantiers furent bloqués par les comités. Les jeunes du Pland'Aou brûlèrent une grue pour manifester leur hostilité au projet et pour affirmer leur existence et revendiquer le fait d'être employés. Les affrontements se multipliaient avec les forces de l'ordre mais aussi entre les jeunes des cités, qui se battaient entre eux pour avoir la priorité. La multiplication de ces incidents entraîna des arrêts quasi quotidiens des travaux.

Cette colère irrépressible était justifiée à plus d'un égard, puisque Marseille avait perdu 4,6 % de ses emplois entre 1982 et 1990. Le 15e et le 16e arrondissement, au contraire, enregistraient un gain de + 15,4 %. Mais le nombre d'emplois offerts du fait de zones d'activités en extension (zones franches) n'avait pas bénéficié à la population locale qui, avec sa qualification trop basse, mais aussi sa *mauvaise réputation,* subissait un ostracisme de la part des employeurs.

Pour résoudre le problème, le préfet dut mettre en place une médiation entre les parties en conflit. Les habitants des cités étaient représentés par les dirigeants du Comité et soutenus par le Comité chômeur CGT. Dans la partie adverse, il y avait une délégation des directions des diverses entreprises présentes sur le chantier, ainsi que des représentants des administrations, ceux de la future direction de l'hypermarché Continent, des représentants de diverses associations du quartier. Il fut décidé d'abord la mise en place d'un guichet unique de gestion des offres d'emploi se trouvant à l'ANPE de Bougainville dans le 15e arrondissement. Ce qui devait permettre plus de transparence dans les pratiques d'embauche. En un deuxième temps, d'autres mesures furent décidées dans le but de favoriser l'embauche locale : une priorité à l'embauche serait accordée aux habitants du site.

Les habitants avaient revendiqué, et obtenu, un droit prioritaire sur toute création économique sur leur territoire. Le fait mérite qu'on s'interroge : dans la foulée de la décentralisation et dans la prise en compte de nouvelles échelles territoriales, au moment où le marché s'incarne dans l'Europe dans un contexte de mondialisation, n'y a-t-il pas quelque paradoxe à voir une population de surcroît d'origine immigrée revendiquer aussi fort un droit prioritaire sur ce qui se passe dans *son territoire* ? Il nous semble que les faits décrits dans ce chapitre illustrent bien la dimension hégémonique, c'est-à-dire politique, mais une politique qui est fondée sur les modes de vie, les capacités de lutte, une praxis, d'un territoire. Ces faits mettent en lumière la manière, hors le bref moment des luttes, dont on peut assister à l'enfermement dans un territoire d'une population captive, et donc à l'échec.

La discrimination positive locale

Mais cette première tentative de conciliation donna lieu tout de suite à des débordements. Une médiatrice de l'ANPE entreprit un travail pédagogique sur le chantier et dans les cités proches pour expliquer que désormais les offres et les demandes devraient être centralisées dans l'ANPE de Bougainville : cette nouvelle fut accueillie avec enthousiasme. Cependant les entrepreneurs préférèrent aussitôt gérer leur main-d'œuvre comme ils l'entendaient, bénéficier du travail au noir. Ce qui provoqua des désordres, les jeunes descendaient sur le chantier. Ils protestaient : « *Hier vous avez embauché untel ! Aujourd'hui il faut me prendre !* » Puis la protestation redevint collective, le chantier fut à nouveau bloqué par les comités de quartier soutenus par les chômeurs CGT.

Une cellule d'urgence des administrations se forma. L'Inspection du travail et la Direction départementale du travail et de l'emploi, d'accord pour une fois avec l'ANPE, avaient constaté que la sous-traitance générait beaucoup d'accidents du travail : ces instances utilisèrent le Code du travail pour faire céder les entrepreneurs. Plus de 350 infractions à ce code furent relevées au cours de l'année 1995, autorisant de ce fait des poursuites judiciaires susceptibles d'entraîner la fermeture du chantier.

Il est clair qu'un tel accord aurait été plus difficile à obtenir dans un autre quartier, non seulement parce qu'il n'y aurait peut-être pas eu la même combativité, mais aussi parce que les agents de l'administration n'y auraient pas été formés dans la proximité d'une mairie communiste. Cette pression eut des effets bénéfiques sur la sécurité des travailleurs bien que l'objectif recherché soit surtout l'arrêt de l'embauche en direct et donc du travail au noir. A partir de là, on pouvait amener les entreprises à respecter la centralisation des embauches dans l'ANPE locale : le maintien de l'ordre était à ce prix. Ce nouveau compromis arrêta les manifestations et les violences sporadiques des jeunes des cités, grâce à la reconnaissance de la nécessité d'une discrimination positive à l'emploi. Cette reconnaissance a été définie par les administrations locales, approuvée par les employeurs qui se sont engagés non seulement à la respecter mais à lui rendre des comptes. Mis à part quelques légers incidents, la paix régna sur le chantier.

Quand le temps fut venu de recruter le personnel du centre commercial, pour son plus gros employeur potentiel, l'hypermarché Continent, ainsi que pour les futures boutiques de la galerie marchande, les mêmes questions se posèrent. De surcroît, comme nous l'avons vu, les hommes politiques en campagne électorale avaient proposé à tout le monde d'envoyer son curriculum vitae à la mairie de secteur. Tous s'entassaient et la direction de Continent n'en faisait aucun cas. Les agents de l'Inspection du Travail, ceux de l'ANPE et de la mission locale, s'employèrent à convaincre la direction en s'appuyant sur l'histoire du chantier. Moitié convaincue, moitié effrayée par la mauvaise réputation des quartiers nord, la direction de l'hypermarché tenta de mettre au point une stratégie avec les agents de l'administration.

Une charte pour l'emploi fut élaborée, et proposée à tous les commerçants s'installant sur le site. Toutes les entreprises s'engageaient à recruter en priorité les personnes résidant dans les quartiers du quinzième et seizième arrondissements. Une mission emploi fut créée pour gérer le suivi et la centralisation des offres d'emploi émanant du centre commercial Grand Littoral. La mission emploi est alors placée directement sous la tutelle du préfet. Elle fonctionne comme un guichet unique pour le traitement des offres et des demandes d'emploi ; elle est également une instance de concertation.

Un des premiers problèmes fut de savoir où traiter les seules demandes concernant l'hypermarché Continent, la population à recevoir dépassait les capacités d'accueil de l'ANPE de Bougainville. La mairie centrale prêta un local sur la Canebière et le député-maire d'arrondissement mit à la disposition des demandeurs d'emplois des locaux. Nous devons ces renseignements à la directrice de l'ANPE de Bougainville :

« *Il a fallu choisir des lieux éloignés parce qu'on ne pouvait pas mélanger les gens du 15e et du 16e avec ceux du reste de la ville, autrement ils se seraient castagnés entre eux.* »

Le recrutement n'était donc pas fermé au reste de Marseille, voire aux communes voisines, mais il s'effectuait en plusieurs endroits. Cette stratégie de priorité territoriale ne faisait pas l'unanimité et surtout les rivalités politiques locales jouèrent à plein entre les administrations qui avaient participé à cette stratégie de recrutement local et le GPU.

La même directrice de l'ANPE nous a expliqué :

« *Le GPU était notre ennemi, on n'a jamais pu collaborer avec lui. Il y a eu des coups bas pour nous faire arrêter l'opération de recrutement dans le 15e et le 16e parce qu'on recrutait sur le territoire d'une mairie communiste. Finalement Hermier (le maire communiste du secteur) a pu arranger cela en rencontrant Gaudin qui n'était pas au courant. Il a dit à ses troupes d'un peu calmer le jeu et de laisser les opérations suivre leur cours.* »

Des critères de sélection furent élaborés. Les critères de sélection classiques sont généralement fondés sur le niveau scolaire, les diplômes, l'expérience. Ces critères furent remodelés par l'ANPE pour tenir compte de la spécificité du quartier et ils furent respectés par la direction de Continent. Le premier critère tentait de repérer les motivations psychologiques : la personnalité du demandeur et son plus ou moins grand éloignement de l'emploi. Le second était un critère de résidence : étaient privilégiés d'abord les habitants des cités environnantes, puis ceux des 15e et 16e et enfin ceux des autres arrondissements marseillais et des communes voisines. A cette étape, l'ANPE Bougainville a joué un rôle crucial dans le recrutement : elle s'est engagée dans la définition des profils. Elle a su organiser des réunions publiques d'information. Ces réunions ont permis de convoquer les huit mille personnes qui avaient envoyé spontanément leur curriculum vitae ainsi que les demandeurs d'emploi figurant dans les fichiers ANPE. On présenta les métiers de la grande distribution, les conditions de travail – en particulier les contraintes horaires –, les différents types de contrats proposés par l'employeur, les salaires, etc. Et sur les personnes qui maintenaient leurs candidatures, il en resta 4 000 qui furent reçues individuellement. 3 000 candidatures furent validées et présentées à la direction de l'hypermarché pour passer des tests d'aptitude par groupes de 100. Au début, les tests devaient durer 10 minutes, mais les postulants protestèrent que le temps était trop court par rapport au nombre de questions posées. Par le truchement de l'ANPE, les candidats obtinrent un temps de rallonge. Des recruteurs venus d'autres hypermarchés faisaient passer les tests et les évaluaient.

Certains habitants du quartier, dont nous avons recueilli le témoignage, soutiennent que la direction de Continent fut surprise par les résultats des tests. Il fut en effet hautement proclamé que le taux de réussite était supérieur à la moyenne nationale (30, 40 % d'un point de vue national et 50 % pour les quartiers nord). Les meilleurs candidats furent retenus pour un entretien d'embauche avec les différents chefs de service de l'hypermarché. A l'issue de ce processus final, il y eut 600 embauches dont une majorité en CDI.

Une victoire récupérée

Les habitants des quartiers nord et singulièrement les jeunes qui n'avaient jamais travaillé (donc en parfaite rupture, pourrait-on dire, avec la culture ouvrière de ce quartier) ont obtenu par leurs luttes un droit de priorité au recrutement. Ils ont obtenu également une certaine transparence dans les procédures de recrutement. Ils ont eu comme alliés d'autres acteurs locaux tous fortement influencés par la culture communiste : le comité chômeur CGT, la mairie d'arrondissement et même les agents administratifs locaux de l'inspection du travail et de l'ANPE, tout un appareil étatique.

Cependant, alors même que la victoire paraît acquise, la situation change : les acteurs politiques et syndicaux qui ont mené les luttes avec les jeunes cèdent la place à l'administration qui pousse son souci de respecter la spécificité du quartier jusqu'à l'élaboration de critères de recrutement spécifiques pour une population en difficulté. Ils psychologisent les questions de classe, tout en laissant au final s'imposer les tests et les entretiens d'embauche de l'entreprise. La procédure adoptée a permis d'éliminer 7 400 personnes sans le moindre mouvement de protestation, sans doute parce que l'hypermarché a laissé la responsabilité de la première sélection aux personnes qui dès l'origine s'étaient battues aux côtés des habitants. Le filtrage aura été considérable puisqu'on était passé de 8 000 demandes d'emplois par curriculum vitae envoyées spontanément à 600 personnes recrutées. Et surtout les emplois qualifiés ont échappé à la procédure et à toute territorialisation. L'entreprise a joué le jeu pour les emplois peu qualifiés et précaires (caissières, manutentionnaires, vigiles surtout) mais elle a amené avec elle ses cadres, des gens venant d'autres régions qui peu à peu vont dans leur gestion du personnel retourner le caractère préférentiel en handicap.

Les habitants du Plan-d'Aou ont une représentation mitigée des résultats obtenus. La mission emploi, quant à elle, paraît déconsidérée du fait de son inertie :

« Et la charte pour l'emploi ? Elle n'est plus respectée, elle est enterrée. Ils ont laissé miroiter plein de choses parce qu'à un moment le comité jeune du Plan-d'Aou était fort, il était costaud. Ils ont rédigé cette charte, ils ont pris pour ça des gens du quartier... Ils ont joué le jeu... (les employeurs) Allez ! peut-être les six premiers mois maintenant c'est fini. Et en plus c'est même pas de leur faute totalement, parce qu'ils ne sont pas les seuls à ne plus jouer le jeu, la ville, l'État, la mission emploi qui se trouve à Bougainville, personne ne joue le jeu... Frère c'est que le piston ici. Tu peux envoyer mille CV à l'ANPE que ça te sert à rien parce que c'est l'ANPE qui passe par Continent. Maintenant, il n'y a plus personne. Au Grand Littoral on n'a plus de leaders pour nous défendre. »

Comme nous l'a déclaré un autre habitant :

« C'est parce que nous nous sommes battus que nous avons pu avoir des emplois pour certains jeunes de la cité. Mais bon... On s'est rendu compte que par rapport à ce qui était marqué dans les journaux, par rapport à ce que nous promettaient les élus, au niveau des emplois... Bof !... Même si actuellement il y a eu pas mal de jeunes qui ont été embauchés, maintenant petit à petit, à part des CDD y a pas grand chose, peu de CDI... Je pense qu'au départ ils ont offert ces emplois pour calmer... Pour pas qu'on se mette en travers de leur chemin... Une fois qu'ils ont construit, qu'ils se sont bien installés, petit à petit les jeunes de la cité se sont fait virer. Certains parce que... Bon... Il faut reconnaître... un peu par manque d'expérience... ou parce qu'ils sont un peu chauds quoi... Ce sont des gens qui avaient pas l'habitude de travailler. Bon certains ont été virés tout simplement... Sans avoir eu de problèmes. Il y a eu des licenciements abusifs... Au départ chez Continent il y avait une majorité de gens du 15e et 16e maintenant ils ont fait leurs comptes il n'y a plus qu'une minorité... »

Ces discours reflètent bien l'idée générale des habitants du Plan-d'Aou sur leur situation. Réalistes lorsqu'ils évoquent le clivage des classes, ces habitants assument de façon ambiguë leur marginalisation, si tant est, comme ils l'affirment, que les gens de la cité établissent entre eux des relations concurrentielles, donc conflictuelles. La mauvaise entente, la médisance, l'égoïsme ne sont que la traduction de l'impitoyable mise en concurrence subie par ce monde prolétarien. Un des thèmes récurrents de cette stigmatisation est en effet la manière dont les gens de la cité, voire de l'arrondissement, sont incapables de s'entendre, disent du mal les uns des autres, le « *chacun pour soi* », voire même des bagarres entre eux.

Travailler dans le centre commercial donne un certain prestige mais n'est pas sans quelques corollaires fâcheux en matière de relations entre les habitants. Les jeunes des cités sont souvent employés dans le gardiennage, ce qui les place en porte à faux par rapport aux autres habitants, considérés toujours comme des délinquants potentiels. Ainsi, ces nouveaux vigiles adoptent une conduite différente, selon qu'ils suivent l'éthique de la cité ou leur désir d'avoir un emploi coûte que coûte :

« *Il n'y a pas de problème dit l'un, moi je pars du principe, je suis là, je travaille, j'ai des ordres je les fais, j'ai huit heures de travail à faire, je les fais. ça peut être mon frère, n'importe qui, si on me donne l'ordre de l'interpeller, je l'interpelle... Moi je fais pas de cadeaux, il n'y a pas de midi à quatorze heures, parce que si c'est moi qui le laisse partir, c'est moi qui pars après... Moi j'ai trois minots...* »

Un autre en revanche affirme :

« *Moi bon... je préfère qu'ils viennent là-bas foutre le bordel qu'ils aillent ailleurs. Par rapport à eux... C'est plus dangereux de casser des voitures, je préfère qu'ils viennent là-bas, qu'ils mangent des dattes et des gâteaux, je m'en fous, c'est mieux* ».

A l'inverse de ce qui s'était passé au début, lors du rassemblement pour l'accession à l'emploi, avec la rareté des emplois effectifs, les stratégies se sont individualisées. La mise en concurrence a joué à plein. La territorialisation est cette fois retournée contre eux.

Aujourd'hui la mémoire de l'ancien site des tuileries n'a pas été oubliée. Même quand il a trouvé du travail, l'habitant des quartiers nord reste un *souverain dépossédé* de son royaume :

« Bon moi ça m'a apporté du travail mais ça m'a enlevé tout ce qu'il y avait autour, la verdure, je me rappelle j'allais jouer là-bas c'était un grand terrain immense, il y avait des lapins, on allait cerner les oiseaux. Il y avait des oiseaux, des sources, tu passais une journée là-bas c'était incroyable, il y avait des clairières, de l'argile, il y avait tout ! »

Voici le témoignage d'un autre jeune homme qui est sans emploi contrairement au précédent :

« Avant c'était une carrière on chassait les lapins avec mon père et maintenant on y va pour passer le temps puisqu'ils ont fait un truc plus beau ! »

Le site commercial est très fréquenté par les habitants du quartier pour qui il est devenu autant un lieu d'achat que de loisirs, ils y passent la journée en famille quitte à ne rien acheter, offrir simplement une boisson aux enfants à la place des vacances :

« Parce que nous on est tous des gens à revenus modestes, on peut se balader toute la journée, une journée de sortie à moindres frais. Entre guillemets à moindres frais parce que quand on est là-bas les petits ils connaissent pas la valeur de l'argent : maman le Quick, maman je veux une paire de chaussures. Bon, on peut pas faire autrement qu'essayer de contenter les enfants en marchant à compte... Parce que si on va en ville on promène par ci par là, on va chez les arabes à la porte d'Aix, une robe à trente francs et un pull à cinquante on la trouve... Mais on est tenté d'y aller parce que c'est juste à côté... et il y a tout ».

Même s'il y a tout, certains habitants ont la vague conscience qu'on est en train de les éloigner du centre de la ville, de les priver des plages du sud, de toute une territorialité populaire :

« Je ne sais pas si c'est réfléchi tout ça, c'est un peu cantonner les quartiers, les laisser dans leur secteur à eux, pour qu'ils n'aillent plus emmerder les quartiers sud, du côté du David à la plage. Tu vois c'est une clientèle assez bourgeoise, assez sélectionnée par les prix... Et nous on allait jusque là-bas pour *s'amuser, pour les divertissements, les loisirs. En construisant le cinéma à proximité, les loisirs pour les jeunes, la plage de Corbières, ils essayent peut-être de cantonner les jeunes dans leur secteur à eux pour qu'ils viennent plus emmerder les touristes ou l'image de marque de Marseille... Je ne sais pas si c'est voulu je le ressens comme ça... »*

Un autre jeune du quartier s'exprime à peu près dans les mêmes termes :

« Au cinéma j'y vais depuis que c'est ouvert, au moins dix fois, c'est beaucoup... Je me demande si Continent n'a pas été fait pour parquer les jeunes du 15e-16e pour plus qu'ils descendent en ville... C'est l'impression que j'ai... Je dis pas que les jeunes ils ne descendent pas en ville... Ça dégage le centre-ville... Je sais pas combien il y a de salles de cinéma, vous avez le Quick, le Mac Donald, le Flunch tout à côté, un jeune qui a 200 francs à dépenser, au lieu d'acheter un ticket aller-retour pour le centre ce qui fait 18 francs, il ne lui reste plus que 180F, tandis que là il va faire le tour des rayons, pour lui le calcul est vite fait, il reste à Continent... »

Là encore, on peut interroger cette vision du complot qui s'exercerait contre les jeunes des banlieues nord, pour les priver de leur espace, celui du quartier mais aussi celui de la ville. La dénonciation permanente de ce danger de dépossession relève-t-elle de la paranoïa ? Rappelons que les HLM aux alentours de Grand Littoral n'ont pas été détruites comme la rumeur le laissait entendre au début du chantier, et que les jeunes du quartier ont obtenu que soit reconnu leur droit à l'embauche. Rappelons encore que ces jeunes bénéficient de l'accès au plus grand centre commercial d'Europe, fréquenté par l'ensemble de Marseille et des communes mitoyennes. En même temps, on est fondé à penser que si cette paranoïa ou plutôt cette vigilance n'existait pas, les populations en difficulté seraient déjà reléguées dans des espaces moins convoités.

Cette territorialisation, cette mémoire ouvrière s'est formée sur des bases essentiellement politiques plus encore que syndicales, on en voit les vestiges. Quelque chose reste dans cet ancrage territorial de ce qu'Henri Lefebvre appelait « le droit à la ville ».

« Le passage de l'habitat à l'habiter », des droits particuliers que sont les droits au logement, au travail, à l'éducation, à la santé conquis par le monde ouvrier à celui de la ville comme une totalité est peut-être une vision sous-jacente à toute revendication territoriale. Le quartier ouvrier est à soi mais la ville à partir de cet espace quasi familial (la classe entendue comme un rapport de pouvoir et d'alliance s'harmonise assez bien avec une vision clanique méditerranéenne de la Cité, du quartier), le reste de la ville, métro, centre, plages, devient un espace ouvert, il n'y a pas de relégation.

Dans une telle logique, le Grand Littoral est devenu l'enjeu d'appropriations, de stratégies de luttes, le prolongement de la cité, quitte à y transporter pratiques de sociabilité et querelles de voisinage, tout un mode de vie peu apprécié des cadres de l'entreprise. En effet, ces cadres voient d'un mauvais œil les pratiques de sociabilité entre l'employé et la population des quartiers difficiles, telle que les parents ou les amis. Discuter avec un tiers présente d'abord une perte de temps : le rôle de l'employé est d'accomplir une tâche précise. Mais c'est aussi, pour les cadres, les prémisses d'un complot, destiné à voler les marchandises. Il est vrai que c'est parfois dans le vol que se recréent les rapports de solidarité comme ce gardien qui préfère voir les petits frères manger les gâteaux ou ce jeune de la cité qui est en cheville avec un employé de Continent qui lui *sort* des objets du magasin tandis que lui les revend. Il s'agit bien sûr d'attitudes marginales mais il semble qu'elles sont l'objet d'une attention constante de la part des employeurs. La stigmatisation du quartier recommence à jouer à plein dans le traitement réservé à ses enfants. D'où le recours fréquent à la mutation dans un autre hypermarché de la région.

La territorialité revendiquée par les habitants du quartier a des aspects complexes dans une situation d'internationalisation : elle renvoie à la dimension de classe de ces populations. Ce n'est pas Marx qui a inventé le concept de classe sociale. Aristocratie foncière et bourgeoisie orientée vers la rente et le profit ont en commun de constituer des réseaux de pouvoir et d'alliances pour s'approprier le sur-travail agricole puis industriel. L'innovation de Marx consiste non seulement à situer les classes dans une lutte permanente mais à définir une classe, la classe prolétarienne, qui n'a pas de réseaux de familles, de pouvoirs et d'alliances. Ses organisations, syndicat et surtout le parti, vont constituer la base de ces réseaux à distance. Eux seuls lui permettent de dépasser l'impitoyable mise en concurrence de la force de travail, de dépasser l'horizon borné où sa situation l'enferme.

Les conditions de vie des couches populaires ne leur permettent pas d'entretenir facilement de grandes familles et de développer des liens de parenté au-delà des générations, de contrôler la prolifération des collatéraux. Pourtant nous avons pu, en étudiant un bidonville du 16e arrondissement, nous apercevoir de l'importance des structures claniques méditerranéennes. Deux familles contrôlaient le bidonville, en revanche les travailleurs isolés à qui on louait des cahutes étaient doublement stigmatisés, parce qu'ils n'avaient pas de famille et parce qu'ils étaient célibataires, donc un danger pour les femmes. On retrouve le phénomène qui a été mis en évidence pour les gangs de Chicago, à savoir les liens de voisinage, des bandes à partir de l'école, existent. Nous l'avons dit dès le début, la référence au territoire comme classement pratique de l'identité fonctionne entre le stigmate et l'emblème. Le collectif a proclamé son droit à une embauche prioritaire, le stigmate a été retourné en son contraire temporairement, par effet de la lutte. Un territoire n'a jamais rien de naturel, il est toujours le produit d'un rapport de forces. Ici le territoire dans lequel chaque individu, avec son histoire personnelle, retrouve sa place et bénéficie de quelques institutions plus favorables devient une véritable tranchée de la lutte des classes, là aussi où elle s'enlise dans une résistance nécessairement limitée.

Les appareils d'État ne sont pas plus univoques, points d'appui localisés comme la mairie d'arrondissement ou l'ANPE de Bougainville pour la raison toute simple qu'il faut obtenir un droit à l'embauche qui suspende la mise en concurrence, la réduise. Il suffit que les conditions de la lutte changent ou que celle-ci se relâche pour que les appareils redeviennent d'État.

On voit à travers cette histoire, à bien des égards exemplaire sinon édifiante, à quel point territorialité et mise en concurrence de la force de travail sont deux faits aux corrélations multiples.

En fait derrière le territoire, ce qui se joue est tout simplement la mise en concurrence dans la domination et l'exploitation, la tentative permanente pour trouver les bases d'une résistance, l'exclusion n'étant qu'un moment de la lutte des classes, de l'opposition centre-périphérie. Un moment marqué par un rapport de forces défavorable : la recomposition des classes autour d'une nouvelle dynamique du capital, dans un contexte de crise systémique.

Chapitre IX

Crise systémique et territoire

La crise systémique, une totalité autorégulée

La recomposition du salariat, liée à la paupérisation des travailleurs les plus fragiles, nous paraît d'une toute autre ampleur qu'un simple effet de conjoncture. C'est pourquoi nous avons parlé de crise systémique.

Celle-ci est toujours plus ou moins crise du profit. Le profit est le nerf du mode de production capitaliste comme le fut pour d'autres sociétés le privilège. Parler de nerf indique non seulement le caractère structurant du profit, mais aussi le réflexe douloureux que provoque toute atteinte. La métaphore est utile car elle marque aussi que l'acceptation du profit ne concerne pas seulement la classe dominante : toute la société s'organise selon ce critère.

Cette référence au profit ne signifie pas cependant que la crise systémique est simplement économique. Une crise économique a un caractère conjoncturel, avec des causes assignables : baisse de la Bourse, faillites dans des secteurs de la production. Elle exige des purges pour que recommence l'accumulation, comme le montre l'exemple récent de la crise asiatique. Une crise de système ébranle la société dans ses valeurs, ses modes d'organisation : elle recompose les forces sociales et politiques. L'exclusion ou le paupérisme, objet de notre étude, résulte initialement d'une dépression et des remèdes économiques alors mis en œuvre. Pourtant, alors que la croissance a repris, le phénomène se perpétue, il est devenu structurel et est entré dans les modes de régulation. Il se confond avec la nouvelle dynamique.

Le concept de crise systémique, quelle que soit la définition que nous en donnons, désigne la crise d'une totalité autorégulée. Les théories de la régulation apparaissent au début des années 70 dans un courant marxiste plus ou moins proche de Keynes, alors hégémonique. Elles se développent ultérieurement dans le contexte mondial d'une intégration à la croissance financière généralisée et à la flexibilité du travail. Plus spécifiquement en

France, dans les années 80, un affrontement existe à gauche à propos des politiques à mettre en œuvre. Le consensus social finit par se réaliser autour du Président de la République sur l'acceptation d'une politique d'accompagnement de la croissance financière. L'effondrement du bloc socialiste conforte un constat généralisé : une nouvelle période historique inaugure une nouvelle phase de l'accumulation capitaliste.[66]

Sur le plan théorique, cette période correspond au triomphe de l'orthodoxie libérale. La théorie de la régulation, dans ses diverses options théoriques, s'inscrit en faux contre la théorie libérale qui accepte une autonomie totale entre le marché, la sphère économique et la sphère politique. Le marché est toujours le résultat de la rencontre entre une offre et une demande, la manière dont celles-ci sont structurées, institutionnalisées n'est pas prise en compte. Ce qui revient plus ou moins donc à nier l'organisation de la société d'une manière collective, les classes, les firmes multinationales, les oligopoles, les nations, etc.[67] De surcroît, comme l'ont montré G. Dumenil et D. Levy, ledit marché, dans le modèle inauguré par Walras, est de fait perpétuellement en état d'équilibre ou dans le pire des cas à la recherche temporaire de cet état d'équilibre[68]. L'extrême modélisation de l'orthodoxie libérale n'est que la traduction de ce double postulat. L'illustration de cet équilibre et de cette atomisation passe par des abstractions mathématiques très sophistiquées mais qui rendent compte des réalités de la société d'une manière peu convaincante.

---

[66] Les marxistes continuent à poser des questions : le bloc des pays de l'Est s'est-il effondré non par excès de socialisme mais par carence ? Ou encore l'échec serait-il celui du léninisme avec son parti trop centralisé ? Autre interrogation, l'URSS était relativement sous-développée et, comme l'avait dit Gramsci, sa révolution était « contre le Capital » alors que Marx envisageait la révolution communiste comme une maturation des contradictions du capitalisme. Mais ce questionnement d'une part paraît bien scolastique et d'autre part l'ampleur de la défaite masque l'urgence d'une réflexion sur l'histoire immédiate.
[67] Il est à noter qu'au même moment où l'économie s'inscrit dans cette évolution, la sociologie retourne à l'acteur, à l'individualisme méthodologique.
[68] Gérard Duménil, Dominique Lévy. « La dynamique du capital. Un siècle d'économie américaine », *Actuel Marx*, PUF, 1996.

Les théories de la régulation ambitionnent la construction d'une problématique et d'une méthodologie à la fois pour étudier la dynamique historique du capitalisme et pour tenter de mettre en évidence des phases différentes d'accumulation du capital. Leur origine disciplinaire est économique, mais elles proposent les voies d'une recomposition des sciences sociales autour de la définition du système et de ses modes de régulation. C'est ainsi qu'elles s'accompagnent d'une réflexion sur l'organisation du travail, sur la *fin du fordisme* et même, pour certains régulationnistes, sur les conséquences anthropologiques de *la révolution informationnelle*.

La contradiction entre l'actionnaire-créancier et l'entrepreneur

Les écoles de la régulation empruntent donc au marxisme *l'autonomie relative* de l'économique et du politique et la nécessaire articulation entre ces deux instances, comme condition de possibilité de la relation marchande elle-même. Elles empruntent également l'idée de phases dans le développement du capitalisme à Marx et à Kondratieff. Mais les diverses thèses de la régulation témoignent d'affrontements théoriques internes : ainsi pour des auteurs comme Aglietta ou Boyer, la crise désigne la dynamique du système, elle témoigne toujours plus ou moins de la capacité du capitalisme à gérer l'autorégulation. La dynamique du capital, ses phases de crise, partent d'une modification des sciences et des techniques. Aglietta et Boyer étudient les formes organisationnelles dans le travail (la crise du fordisme), tout en ignorant le rôle joué par la composition organique du capital dans la crise de suraccumulation-dévalorisation. La crise du travail devient alors le plus souvent la conséquence d'une simple modification de la composition technique du capital, en particulier chez Benjamin Coriat. En simplifiant, on peut dire que chaque phase du capitalisme se caractérise par un ensemble de sciences, de techniques, de rapports sociaux et de règles formant un tout cohérent, un système. Un système n'est pas seulement économique. Il comprend les institutions productrices de régulation, les modes d'organisation du travail.

Nous entrerions dans un nouveau système dominé par la mondialisation et la financiarisation. Tandis que les entrepreneurs capitalistes ne seraient plus maîtres du jeu, les créanciers-actionnaires (fonds de pension ou autres organismes de placement collectif) fourniraient les capitaux et de fait contrôleraient la dynamique par leurs mouvements collectifs. Ces créanciers-actionnaires veulent non seulement rentabiliser au mieux leur capital mais avoir aussi les possibilités de le déplacer rapidement. La nouvelle structure patrimoniale du capitalisme dans les pays développés serait liée au fait que des salariés deviennent créanciers-actionnaires par la médiation des investisseurs institutionnels. De ce fait, la rémunération de l'épargne gérée par les investisseurs institutionnels doit être systématiquement plus élevée que la rentabilité économique du capital immobilisé. Cette recherche de rémunération implique donc que la spéculation soit le mode de fonctionnement des marchés et que le déséquilibre soit structurel. On retrouve l'idée de la crise comme mode de fonctionnement, même si l'accent est mis sur le caractère instable du système. Or une telle analyse fait litière de la production de la valeur et des contradictions de cette production. En effet selon les théories des régulationnistes de l'école française, le clivage n'est plus entre *capitalistes et prolétaires* mais plutôt entre l'entreprise qui a besoin d'immobiliser des capitaux et le créancier actionnaire qui réclame de la liquidité. Les marchés financiers sont les institutions qui gèrent cette contradiction, avec les compromis qu'elle exige. Ils n'ont cessé de se transformer, grâce à l'informatisation, pour favoriser la mobilité du capital, la liquidité. Transparence, ouverture, déréglementation, baisse des coûts de transaction, négociabilité générale des titres, définissent la tendance générale. Il ne suffit pas, cependant, de remarquer que la spéculation structurelle est favorisée par des transformations techniques et juridiques, destinées à accroître la mobilité du capital, la question de Marx dans le livre 1 du *Capital* demeure entière : en quoi la relation juridique ou politique, caractéristique de l'organisation, est-elle la condition de possibilité de la relation économique marchande ?

Autre constat : les marchés n'ont pas de relation directe avec la santé des entreprises, *in fine* le seul indicateur intéressant pour l'actionnaire est le bénéfice par action. Pour accroître ce bénéfice, il faut suivre les circuits de hausse. Ceux-ci n'ont plus grand-chose à voir avec la valeur créée dans les entreprises : ils reposent de plus en plus sur des conventions internes au marché (hier le miracle asiatique, aujourd'hui l'Internet). La conviction collective des acteurs quant à la fiabilité des actions ne s'appuie pas sur des critères objectifs fondés sur des résultats de l'entreprise mais elle repose, en effet, sur une anticipation qui n'est que le réflexe d'un groupe jouant à la Bourse. Les scénarios catastrophes sont connus. Quelques spéculateurs audacieux se mettent à jouer contre la convention du marché : c'est l'écroulement. Les autorités nationales (la FED aux États-Unis) ou internationales (le FMI) sont obligées d'intervenir en particulier sur les taux de change. L'actionnaire minoritaire, selon les théories de la régulation, ne cherche pas le contrôle tactique des entreprises ou des firmes mais, de fait et par le biais des investisseurs institutionnels, leur impose des changements structurels qui garantissent la rentabilité des actions.

Donc soit l'analyse maintient une vision idéologique de la réalité, celle qui voudrait que chaque bénéficiaire de fonds de pension, chaque possesseur d'une action, même de moins de mille titres, s'agglutine aux autres, telles des nuées de sauterelles, aussi peu contrôlables qu'une plaie d'Égypte, soit on analyse qui sont les investisseurs officiels. Pour une part l'*horreur économique*, l'incapacité affirmée des États à s'opposer à la loi des marchés, doit beaucoup à cette vision apocalyptique d'une multitude s'agrégeant selon des principes qui relèvent plus de la physique que d'intérêts de classe. Les théoriciens de la régulation, eux-mêmes, ne font que très peu l'analyse de ce capitalisme patrimonial, de fait plus mobilisé que dominant. Cette analyse a cependant le mérite de signaler la recomposition des forces sociales et politiques autour du pouvoir, recomposition observable par l'hégémonie en Europe de la social-démocratie. Ce courant accompagne les mutations de l'économie vers le libéralisme tout en insistant sur le social et surtout il réalise le nouveau *bloc historique* avec la technocratie, les managers, autour de la transformation étatique. Il sait mieux encore que la droite nouer des liens de complicité avec la technocratie. Pour la majorité du peuple, de plus en plus exclu de la sphère politique, ce nouveau bloc historique, grâce à la social-démocratie, apparaît comme un moindre mal puisqu'il accompagne la croissance financière d'un souci social. Il y a là une condition d'*hégémonie*, traduction du bloc historique, où effectivement dirigeants de l'État et managers s'interpénètrent, partagent les mêmes valeurs et soutiennent la même rationalité.

Nous retrouvons ici une idée que nous avons développée à propos du traitement de la pauvreté, celle non pas de la disparition du welfare state, mais d'une nouvelle articulation de ses fonctions. Toute notre analyse du dispositif RMI a consisté à démonter ce social, ce supplément d'âme, pour montrer son harmonieuse cohérence avec le libéralisme et donc la production du paupérisme. Plus généralement, mais nous y reviendrons, l'État ne s'autodétruit pas, il y a peu de dispositions autoritaires auxquelles il renonce. Mieux, comme nous l'avons vu, dans le même moment où il *technicise* les choix libéraux, à partir du traitement de l'*exclusion*, il renforce le contrôle sur la société civile, en intégrant dans ses projets une part du mouvement social et des associations. L'État autoritaire ne disparaît pas et l'idéologie sécuritaire entraîne les couches moyennes basses vers l'alliance dans le nouveau bloc historique. On voit que dans une telle optique, il y a bien exclusion hors de la dynamique du capital par le biais de la non-participation à la gestion et non par celui des rapports de production. Un travail parallèle s'opère sur les valeurs, celles qui dénonçaient l'exploitation disparaissent au profit du *juste* et du *vrai* hors de tout contexte de classe. L'existence d'une population en situation de paupérisme, c'est-à-dire incapable de peser sur les salaires et les conditions de travail, contribue puissamment à transformer la nature du débat.

La théorie de la régulation a le mérite d'insister sur la nouveauté organisationnelle et politique de la période, elle est moins convaincante quand il s'agit de rendre compte des contradictions dans la sphère productive.

Car même si le capitalisme, décidément doué de la singulière vertu de se refaire une virginité quant aux conditions de son accumulation primitive, n'était plus que ce conglomérat d'actionnaires-créanciers, ce qui mérite démonstration, la question n'est pas pour autant résolue. Imaginons l'hypothèse, aujourd'hui parfaitement fausse, que les firmes multinationales distribuent des stock-options à tout le personnel d'encadrement, à ceux dont elles recherchent la stabilité dans l'entreprise : serait-il possible que ces actionnaires salariés transforment les critères de rentabilité de l'entreprise dans la valeur ajoutée ? Peuvent-ils faire prendre en compte des critères comme la hausse des salaires ou la formation des individus ? Quels moyens ont-ils de faire reconnaître cette nouvelle rentabilité par la convention du marché ?

Et s'il y a bien recomposition des classes sociales et si cette recomposition à travers l'actionnaire-créancier se situe dans la convention du marché, à l'intérieur du transfert de propriété ? Pour qu'il existât, à l'intérieur de la subordination à la propriété, de nouvelles règles de négociation sur la vente et l'achat de la force de travail, il faudrait des rapports sociaux non pris dans les règles et les conventions, et on ne voit guère que le conflit de classe capable d'une telle redéfinition. Mieux, la transformation devra être politique. Cela montre, selon nous, la limite d'une stratégie où les salariés deviendraient massivement actionnaires afin d'imposer un autre type de développement à la production par le biais de cette *démocratisation* du pouvoir des créanciers-actionnaires. Il s'agit d'une idéologie destinée à légitimer le nouveau bloc historique et à transformer la gestion néo-libérale, donc capitaliste, en intérêt général ou au moins majoritaire c'est-à-dire démocratique selon le principe de la représentativité.

La contradiction forces productives / rapports de production

La définition de ces nouveaux critères de développement des hommes et non du capital, se présente comme une nécessité inhérente à l'essor scientifique et technique pour Paul Boccara. L'analyse de la crise systémique se fonde alors sur la baisse *capital/produit* avec le développement des antagonismes entre les moyens de production (travail mort), base d'une suraccumulation, et le travail vivant, les salariés. Comme Marx, dans le livre III du *Capital*, Paul Boccara recentre l'autorégulation du système à partir de la composition organique du capital, de la valeur et du profit. Les crises de suraccumulation, c'est-à-dire de la baisse du taux de profit, imposent la dévalorisation du capital et la nécessité d'une régulation nouvelle qui ne reposerait plus sur la pression sur le travail vivant. La *révolution informationnelle* est une phase productive de l'humanité caractérisée par le rôle nouveau joué par l'intégration de l'information dans les processus de production. Cette révolution (le choix du terme ne va pas de soi) permet des économies de moyens matériels et de travail vivant. Il ne s'agit pas d'une simple modification de la composition du capital technique mais bien de celle de la composition organique, de l'accumulation et du taux de profit. Or, comme dans la phase précédente d'accumulation, la recherche du profit continue à se faire par des pressions contre les dépenses salariales et sociales, elles sont même renforcées, et cette contradiction entre les potentialités de la révolution informationnelle et le mode d'accumulation du capital est pour Paul Boccara la base de la crise d'autorégulation du système. En effet, on peut dire que l'autorégulation concerne une progression type (ici la suraccumulation de capital en particulier en moyens matériels obtenue par la pression contre les dépenses salariales et sociales) et la correction (y compris par les effets de crise eux-mêmes). Le régulateur central est le taux de profit puisque le type de progression du système conduit à une suraccumulation du capital, puis à la correction de cette suraccumulation à travers des crises et ce par des dévalorisations massives de capitaux.

Dans une telle analyse, l'exclusion revêt une double signification : elle est à la fois le produit d'une transformation des sciences et des techniques exigeant des forces de travail de plus en plus qualifiées intellectuellement et le produit du mode de recherche du profit, sa pression sur les acquis sociaux. Toutes les mesures de lutte contre l'exclusion, le RMI en particulier, dans la mesure où elles ne s'attaquent pas aux causes du système, sont partielles et sans effets réels. Mieux, elles caricaturent les exigences réelles de la révolution informationnelle. Ainsi, Paul

Boccara préconise que soit institué pour l'ensemble des travailleurs une sorte de potentiel à vie qui combinerait suivant les périodes, des phases d'emploi et des phases de formation. Il dénonce la manière dont les stages bidon, suivis de petits boulots, offerts aux exclus déconsidèrent une mesure nécessaire. La seule chance de la voir appliquée dans toute son ampleur serait de l'instituer au niveau des salariés pourvus d'un emploi, et d'un emploi qualifié.

La crise systémique renvoie ici à un autre système qui tout en privilégiant la contradiction entre forces productives et rapports de production dans la dynamique du capitalisme, intègre les luttes des salariés contre l'aggravation de l'exploitation. Mais quand Paul Boccara propose que les travailleurs s'emparent de la gestion, lui imposent de nouveaux critères, on voit bien le levier mais on ignore où se trouve le point d'appui. En quoi l'entreprise est-elle en situation d'imposer au système une transformation radicale ? La force politique selon lui susceptible d'envisager une coordination, le Parti communiste français, paraît être entré dans le déclin et il semble peu vraisemblable que l'imposition des nouveaux critères de gestion l'aide à se refaire une santé.

La crise systémique, pour Paul Boccara, implique une transformation liée au dépassement du rapport d'exploitation : pour relever le profit, le capital dominé par la rentabilité financière cherche toujours à faire davantage pression sur les salaires, à créer du chômage donc à peser sur la demande globale, entraînant ainsi la multiplication de crises plus ou moins catastrophiques. Faute de relever le défi d'une nouvelle régulation, il y a un partage planétaire des coûts de cette *révolution informationnelle*. Les découvertes scientifiques et techniques sont monopolisées pour résorber la concurrence ; et, à terme, cette politique se solde par davantage de chômage et par une pression sur les salaires et les emplois. Les achats de titres sur les marchés financiers permettent de contrôler de façon dominatrice de vastes ensembles en réseaux.

Territorialisation

Nous avons choisi d'étudier le paupérisme, baptisé aujourd'hui exclusion, dans le contexte général de la recomposition du salariat. Le marché du travail, dont dépend ce salariat, ne saurait être isolé de deux autres marchés auxquels il est nécessairement intégré : le marché des produits et le marché des capitaux.

Notre hypothèse est que le capital utilise les spécificités de ces marchés dans sa dynamique. Ainsi on assiste, premièrement, à la hiérarchisation du système productif et, deuxièmement, à l'accentuation du contraste entre des marchés de plus en plus mobiles (ceux des produits et ceux du capital et des techniques), et le marché du travail caractérisé par son immobilité. Ces deux processus – hiérarchisation des systèmes productifs et accentuation des différences entre marchés intégrés – s'inscrivent dans l'espace. D'une part, les activités se relocalisent d'une manière différente en fonction de leur hiérarchisation en *valeur*. D'autre part, les institutions politiques, qui correspondent toujours plus ou moins à l'exercice d'un pouvoir dans un territoire déterminé, se recomposent également.

Pour étudier le caractère structurel des hiérarchisations territoriales, la référence la plus heuristique nous paraît être l'analyse en termes de centre-périphérie de Samir Amin.

Le centre et la périphérie

La polarisation

Pour Samir Amin, non seulement la périphérie entretient un rapport de dépendance avec le centre, mais un fort mouvement de polarisation existe aussi à l'échelle mondiale. Au XIXe siècle, on observe un clivage entre régions industrialisées et régions agraires qui résulte de l'expansion capitaliste et impérialiste, c'est-à-dire de la première mondialisation. Samir Amin considère que ce dernier contraste est en voie de dépassement depuis les années 1970-1980, période qui correspond à l'essor de la révolution informationnelle et à une recomposition capitaliste à l'échelle mondiale[69].

Nous entrons dans une nouvelle ère selon Samir Amin, celle de l'*industrialisation inégale*. Le centre de gravité de ce nouveau système d'industrialisation inégale se déplace vers les formes nouvelles de la domination : financières, technologiques, médiatiques, etc. A cet égard, les NPI (nouveaux pays industriels) ne sont pas des semi-périphéries en voie de rattrapage mais les vraies périphéries de demain et déjà d'aujourd'hui, par rapport auxquelles l'Afrique noire est quart-mondialisée, *exclue*, sans fonction véritable dans le monde actuel. Cette hiérarchisation des périphéries évolue, et Samir Amin de citer le cas des Antilles qui, à l'époque mercantiliste, sont un moment le centre de la périphérie et sont *abandonnées, exclues* avec la révolution industrielle.

Dans une telle optique, l'exclusion est au niveau mondial le produit d'un processus qui détruit les composantes non fonctionnelles pour la phase d'accumulation. Cette hiérarchie renvoie donc au caractère à la fois développant et destructeur du système capitaliste, suraccumulation, dévalorisation comme régulation. A travers cette analyse de Samir Amin, on peut penser que l'exclusion va de pair avec la progression du système (accumulation faisant pression sur le travail vivant) et participe de ses effets correcteurs de crise (produit d'une dévalorisation massive d'une accumulation antérieure avec la fermeture des anciennes usines par exemple).

La hiérarchisation centre-périphérie n'est pas pour Samir Amin fondée sur un culturalisme attribuant, comme le ferait Max Weber, à certaines civilisations s'ancrant sur des *rationalités* de développement, l'origine des blocages ou des atouts dans les nouvelles phases d'accumulation. C'est par le biais d'un triple

---

[69] Nous sommes partis de la situation française et nous avons à plusieurs reprises souligné la date de 1983, mais à la même époque se mettent en place d'abord les plans d'ajustement structurel, ensuite le Plan Barker et un nouveau système débiteur-créancier-débiteur au niveau du tiers-monde. La dette est d'abord définie comme insoutenable, ensuite elle est financiarisée pour favoriser la mainmise des firmes multinationales et leur capacité à utiliser les privatisations imposées par les plans d'ajustement structurel.

marché et de ses formes d'intégration que s'établissent les hiérarchies. Mais pourquoi certains espaces sont-ils fonctionnels ? La raison doit en être recherchée non dans la disparition des systèmes productifs, mais dans la valorisation de ces derniers, en vertu d'un système régulé sur le taux de profit. Les États-Unis, par exemple, restructurent leur système productif en termes de centre et de périphérie, parce qu'ils ont imposé un système fondé sur la rente :
– au centre, les activités de la domination mondiale (la technologie, les services),
– à la semi-périphérie, les activités industrielles délocalisées (l'automobile au Mexique par exemple),
– à la périphérie, les activités industrielles de composants.

Si la mondialisation capitaliste a longtemps reposé sur l'échange inégal des produits, cette restructuration repose toujours sur la mobilité des marchandises et davantage encore sur la mobilité des capitaux, et sur l'utilisation du marché du travail dont l'immobilité renforce la mise en concurrence et les possibilités d'exploitation des travailleurs. Cette caractéristique ne saurait être confondue, comme on le fait parfois à propos de la mondialisation, avec la disparition des activités productives. Celles-ci se réorganisent en particulier selon la diffusion de l'innovation technologique et les conditions nationales d'exploitation de la force de travail. La financiarisation, combinée avec les privatisations, permet de restructurer les activités productives dans les espaces centraux et dans de nouvelles hiérarchies périphériques : l'objectif est de bâtir de gigantesques firmes multinationales qui cherchent à se surdimensionner dans le cadre d'un marché mondial.

« Le triple marché intégré »

Nombre d'économistes ont débattu sur la question de la polarisation, corollaire du marché capitaliste.[70] Toute la théorie

---

[70] Sur ces questions cf. Rémy Herrera. « Théories du système mondial », in J. Bidet et E. Kouvelakis (dir). *Néo-marxismes*, à paraître aux PUF.

néo-classique s'inscrit en faux contre la thèse de l'échange inégal et cherche, au contraire, à démontrer les bienfaits pour tous du libre échange. L'ouverture au commerce international et la spécialisation selon les avantages comparatifs seraient bénéfiques pour les pays *riches* comme pour les pays *pauvres*. Les néo-libéraux actuels s'appuient sur Ricardo qui dit qu'à un moment donné deux pays co-échangistes ont un intérêt réciproque à échanger en termes de valeur d'usage (même si le produit importé peut être fabriqué localement à meilleur marché) mais l'échange est inégal en valeur d'échange puisqu'il y a identité de contenu en heures de travail. Le théorème d'Hecksher-Olhin-Samuelson sur la même question s'énonce ainsi : en économie ouverte, chaque pays tend à se spécialiser (parce qu'il y a un avantage comparatif) dans la production des biens dont la fabrication incorpore relativement le plus de facteurs de production dont il est relativement le mieux doté. Et la division internationale du travail qui s'ensuit est optimale. Samuelson a montré que l'égalisation internationale des rémunérations factorielles se poursuit jusqu'à son terme (il reviendra sur ce résultat après l'obtention du prix Nobel). Certains auteurs ont accusé Samuelson de justifier les restrictions à l'immigration aux États-Unis (à la *libre circulation* de la main-d'œuvre) en démontrant par ses théorèmes que l'immobilité d'un facteur (le travail) ne gênait pas la concurrence et n'altérait pas les bienfaits de la spécialisation selon les avantages comparés dès lors que la libre circulation des produits et du capital était assurée.

Arghiri Emmanuel, toujours sur la base de la valeur travail, montre que même dans des conditions de « *concurrence parfaite* » et de « *liberté* » des échanges, il existe une tendance à une évolution des prix internationaux défavorable à la périphérie et favorable au centre. Pour cet auteur, c'est le différentiel des salaires entre le centre et la périphérie qui est la source de l'inégalité des gains retirés des échanges. Emmanuel s'oppose de fait ici à Ricardo car la théorie ricardienne suppose une mobilité internationale parfaite du capital, et donc une tendance à l'égalisation des taux de profit entre centre et périphérie, s'accompagnant d'une absence de mobilité de la main-d'œuvre, donc la persistance de différences internationales des taux de salaire.

L'exemple des concentrations d'ingénieurs informaticiens en Inde – et plus généralement du développement de la *révolution informationnelle* dans les Nouveaux Pays Industriels, avec les hauts niveaux de qualification exigés de la main-d'œuvre –, éclaire effectivement le fait qu'au cœur du marché dont les néoclassiques font un modèle toujours en équilibre ou en recherche permanente d'équilibre, il reste la production de valeur. Si l'implantation des fabricants de composants s'est plutôt portée sur l'Asie du Sud-Est et l'Extrême-Orient (Malaisie, Thaïlande, Singapour, Taiwan, Chine continentale), le subcontinent indien, avec ses 115 000 informaticiens formés chaque année, attire les fabricants de logiciels. Ainsi depuis 1997, Microsoft a ouvert un centre de recherche avec 100 employés dont une majorité de programmeurs. Des sociétés de service sous-traitent également. Bangalore est fréquemment comparé à la Silicon Valley. Les grands utilisateurs sont anglo-saxons mais les grandes firmes françaises ont de plus en plus recours à ce type de main-d'œuvre. La main-d'œuvre indienne hautement qualifiée est reconnue excellente. Mais ce sont les salaires au rabais qui intéressent les firmes, environ 50 % de moins qu'en France. Chez Computer Sciences Corporation (CSC), dont la filiale européenne a signé un partenariat avec quatre sociétés indiennes auxquelles elle sous-traite une bonne part de la réalisation de ses projets, l'économie réalisée à cette occasion est de 60 %. Pourtant, avec la pénurie d'informaticiens formés dans les pays riches et la demande née du passage à l'an 2000, on a assisté à une augmentation rapide des salaires des ingénieurs indiens (de 30 à 35 % annuels selon la presse indienne). Mais l'exemple indien fait école, et si l'Inde reste encore la maîtresse incontestée de l'informatique, déjà on trouve dans les pays de l'Est (notamment en Roumanie) des services comparables. La Roumanie exporte non seulement des informaticiens mais des médecins. Plus généralement le développement scolaire des ex-pays socialistes ou d'un pays comme Cuba (où en particulier la recherche en biologie est avancée) peut donner lieu à des marchés spécifiques hautement qualifiés. On a beaucoup insisté sur la mobilité du marché du travail hautement qualifié, mais il est possible que cette mobilité apparaisse de plus en plus relative. Nous nous interrogeons en particulier sur le rôle que pourraient jouer les ex-pays socialistes. Ces pays avaient un système éducatif supérieur à leur développement marchand. Ne constituent-ils pas un véritable vivier et l'exemple des ingénieurs informaticiens n'est-il pas destiné à faire école ?

Derrière les inégalités et les transferts de technologie dans les exportations de capitaux, qui sont la base de la mondialisation financière, il reste toujours l'exploitation fondée sur la création de valeur.

Ceci nous amène à mieux comprendre l'idée de semi-périphérie ou nouveaux pays industriels qui selon les libéraux seraient en situation de rattrapage par spécialisation et avantages comparatifs, mais qui pour Samir Amin sont la véritable périphérie, celle où s'exerce frontalement la dynamique d'accumulation, l'extraction de valeur selon de nouvelles modalités techniques et financière du surtravail. Il nous semble également que nous comprenons mieux l'idée d'exclusion, de *non-fonctionnalité*. Elle ne signifie pas qu'il n'y a pas exploitation et même exploitation renforcée, mais que ces marchés, hérités du temps où la dynamique du capital était fondée sur l'échange inégal entre secteur d'activité agricole et secteur industriel, ne jouent plus le même rôle moteur dans la dynamique d'un développement inégal entre secteurs productifs industriels par le biais d'un commerce international financiarisé.

La question est : en quoi ces espaces dits non fonctionnels, exclus, abandonnés jouent-ils un rôle dans l'entretien d'une force de travail précarisée, et sous-payée ? En quoi interviennent-ils dans les formes nouvelles d'extraction de la plus-value relative à l'échelle internationale ? Donc en quoi sont-ils des éléments importants de la recomposition salariale à l'échelle mondiale ?

Emmanuel nous montre que l'inégalité des échanges commerciaux devient un facteur d'extraction de surtravail qui explique le sous-développement à la périphérie, même si l'on suppose une concurrence parfaite, la liberté des échanges, l'égalité de la productivité du travail au niveau international. **Le fonctionnement du système mondial capitaliste se** traduit aujourd'hui, d'une part, par une libre circulation des produits, une mobilité du capital (financier et technologique) et une immobilité de la force de travail ; il se traduit d'autre part, par des différences de taux de salaire entre le centre (salaires élevés évoluant avec la productivité du travail) et la périphérie (salaires faibles, le progrès technique se répercutant dans une baisse des prix des produits). D'où l'échange inégal.

La polarisation est donc inhérente au capitalisme. Elle est fondée sur une hiérarchie qui suit le mode d'expansion du capitalisme à travers un triple marché intégré : celui des marchandises, celui du capital, des sciences et techniques et celui du travail.

« *Or le système mondial n'intègre pas le marché sur la base de cette triple dimension. Il commence certes à le devenir* [mondialisé] *en ce qui concerne les marchandises et les produits manufacturés. Il tend également à le devenir pour les technologies ainsi que pour les techniques financières nouvelles de mondialisation du capital (ne serait-ce que par rapport aux formes antérieures, des multinationales aux monopoles). Mais il n'est pas un marché intégré quant au travail. Or un marché non intégré dans cette triple dimension accentue la polarisation, c'est-à-dire les différences de productivité et encore plus de rémunération du travail* »[71].

Les formes politiques et les classes sociales

La démocratie

Le troisième point sur lequel nous voudrions insister à propos de ce concept centre-périphérie est plus directement politique, il s'agit de la démocratie. Pour Samir Amin la démocratisation s'entendrait sur la base d'un consensus social progressiste. Il en

---

[71] Samir Amin, « La logique du capitalisme, Nord contre Sud », *Cosmopolitiques*, Septembre 1990, p. 52.

appelle à une démocratie qui mettrait l'accent sur le mouvement et le contenu social, une démocratie progressiste ouvrant sur l'espace social. Il note que le transfert des seules formes de la démocratie occidentale, mode de gestion de la vie politique laissant intacte la gestion de l'économie par le capitalisme, n'est pas possible. Cette forme de démocratie « *stabilisatrice* » facilitant la reproduction de la société capitaliste, engendre à la périphérie des efforts de polarisation intolérables.

Nous retrouvons ici le caractère global de la crise systémique qui apparaît comme une crise des modes de régulation politiques, une tentative de recomposition des forces sociales et politiques. Si l'alternative socialiste a implosé à l'Est, la démocratie occidentale, partout où les contradictions sociales s'exaspèrent, paraît incapable de les contenir. Ce qui ne se traduit pas par leur expression violente mais par une neutralisation momentanée qui accroît le désintérêt massif pour la politique, le refuge dans d'autres valeurs. Cette neutralisation momentanée, en Europe, se présente sous la forme d'un nouveau bloc historique à la conduite politique duquel la social-démocratie paraît la plus apte. Non seulement ce courant politique combine le soutien à la croissance financière et à la flexibilité-précarité du travail avec une préoccupation sociale, mais il a su s'affilier avec la technocratie publique et privée. La force actuelle de la social-démocratie est sa capacité à traduire en termes politiques la rationalité capitaliste du manager, plus de social, plus d'autoritarisme républicain, plus de marché, plus de justice, etc.

La *mondialisation* est contradictoire, car elle définit l'internationalisation différente et opposée de capitaux sociaux concurrents et, par eux, de l'implication hétérogène des peuples et des nations.

Dès lors reconfigurés, notamment dans leur structure militaro-industrielle, les capitaux moteurs du nouveau paradigme techno-économique réclament la liberté et la mondialisation. Cette demande recouvre en réalité une américanisation, en particulier des relations internationales, avec l'appui de son hyperpuissance militaire de domination des espaces régionaux. Cette contre-offensive, les États-Unis l'ont menée à travers le nouveau paradigme de la révolution informationnelle, c'est-à-dire une restructuration de leur système productif et leur économie-monde en adoptant grâce à cette révolution informationnelle une posture rentière.

Un gendarme universel

Mais cette posture rentière impose la reconnaissance de sa légitimité par la planète entière. La mondialisation oppose des continentalisations industrielles, des espaces régionaux, et la puissance nord-américaine en train d'établir une domination absolue. Pour Bernard Gerbier, l'impérialisme du temps de Lénine était géopolitique alors qu'au stade actuel il est plutôt géo-économique. Les guerres entre puissances du Nord sont rendues impossibles par l'écrasante supériorité américaine. Il s'agit alors d'installer ensemble l'économie capitaliste sur l'ensemble de la planète et de s'affronter ensuite sur le partage du butin. D'un côté, les économies se continentalisent, s'institutionnalisent (Europe, ALENA, et on voit aussi se produire, à travers la crise asiatique, des tentatives sous l'égide du Japon). Il s'agit à la fois d'installer ensemble le marché mondial et de ramener à chaque fois le centre de gravité de la mondialisation au plus près de soi.

Ne cessant de développer leur propre régionalisme, empêchant la constitution d'un régionalisme asiatique et tentant de peser sur la construction européenne, les États-Unis manifestent une volonté d'hégémonie qui prend les contours d'un hypothétique État universel.

« La guerre est un conflit de grands intérêts réglés par le sang et c'est seulement en cela qu'elle diffère des autres conflits. Il vaudrait mieux la comparer plutôt qu'à un art quelconque au commerce, qui est aussi un conflit d'intérêts et d'activités humaines ; elle ressemble encore plus à la politique, qui peut être considérée à son tour, du moins en partie, comme une sorte de commerce sur une grande échelle. De plus, la politique est la matière dans laquelle la guerre se développe, ses linéaments

déjà formés rudimentairement s'y cachent comme les propriétés des créatures vivantes dans leurs embryons. »[72]

L'idéologie libérale prend à rebours cette réflexion de Clausewitz en démontrant que le commerce et le marché seraient les formes civilisées des grands conflits d'intérêts. La diplomatie de l'intérêt réciproque dans une compétitivité pacifique pourrait se substituer à la guerre, *grâce au marché*, au niveau des grandes puissances de la triade. En fait s'il n'y a pas de guerre c'est que celle-ci est rendue impossible par la suprématie militaire des États-Unis.

On sait à quel point le statut de l'État est ambigu. Dans l'espace géopolitique de la première mondialisation capitaliste, l'État est à la fois la garantie de la paix sociale et au niveau international il transforme le commerce en guerre. Le passage à un espace mondial géo-économique dans une telle optique signifie le retour au commerce, à la régulation du marché comme compétitivité d'intérêts réciproques. Grâce au marché, confrontation généralisée mais pacifique, comme le démontre Von Hayeck, le conflit d'intérêts produit le meilleur résultat possible pour chacun. Le statut de l'État est double, y compris dans la situation actuelle où la géopolitique semble avoir cédé le pas à la géo-économie. D'un côté, la permanence des conflits d'intérêts peut se régler dans la guerre mais surtout entre grandes puissances sur le modèle du commerce et de la négociation des intérêts réciproques, une sorte de supranationalité du marché international des capitaux. De l'autre côté, il reste nécessairement l'État universel, celui susceptible de détenir la violence légitime et policière qui garantit la paix éternelle et donc la fin de l'histoire. On a bien souvent analysé, Noam Chomsky en particulier, la manière dont les États-Unis cherchaient à se débarrasser des institutions internationales comme l'ONU, faute de pouvoir totalement les vassaliser. Le dernier conflit du Kosovo a bien montré à quel point ils préféraient le cadre de l'OTAN malgré la servilité dont ont fait preuve le secrétaire général de l'ONU et bien d'autres instances internationales. C'est sans doute parce que ces institutions internationales sont fondamentalement

---

[72] Carl Clausewitz, *De la guerre*, livre II. Chapitre 4, p. 45, Éditions de Minuit, Paris 1950.

concurrentes avec la prétention des USA à être l'État kantien, celui sur lequel est fondée la paix perpétuelle et universelle.

Ainsi à propos du conflit, du Kosovo et de la nouvelle doctrine de l'OTAN, on songe à la réflexion de Raymond Aron :

« *Que l'on imagine, dans l'avenir, un État universel englobant l'humanité entière. En théorie, il n'y aurait plus d'armée (le soldat n'est ni un policier ni un bourreau, il risque sa vie face à un autre soldat), mais seulement une police. Si une province ou un parti prenait les armes, l'État unique et planétaire les déclarerait être de simples rebelles et les traiterait comme tels.* »[73]

Analyse à laquelle il faudrait ajouter la formation d'une opinion publique planétaire dont les circuits d'information relèvent d'un contrôle financier identique.

La mondialisation est tout sauf unifiante. Elle repose, en effet, sur des échanges inégaux, sur l'internationalisation concurrentielle des capitaux sociaux et sur l'implication hétérogène des peuples et des nations, avec des polarisations de plus en plus marquées. La question est de savoir comment on peut maintenir la fiction d'un régime de fraternité universelle pour un système d'exploitation généralisé, pour un empire qui ne masque même plus ses prétentions totalitaires.

La fiction du marché comme équivalent de la démocratie

La manière dont s'installe cette fiction nous renvoie à une des caractéristiques du mode de production capitaliste mis en lumière par Marx dans le Livre I du *Capital*. Si effectivement le monde capitaliste se présente comme une énorme accumulation de marchandises, c'est à travers une réification qui réduit le travail humain au statut de marchandise. La notion de marché du travail masque les caractéristiques de la force de travail, l'extraction de la survaleur, l'exploitation. Il y a une relation symétrique qui est faite entre le commerce comme intérêt réciproque, la compétition pacifique entre propriétaires de la marchandise,

---

[73] Raymond Aron. *Paix et guerre entre les nations*. Paris. Calmann Levy, 1962, p. 18.

individus libres et égaux, et la production dans une organisation despotique basée sur l'exploitation. Non seulement le modèle du marché suppose une égalité intégrale d'échelle et de développement entre co-échangistes, mais une égalité de statut qui est reportée sur la relation entre le propriétaire des moyens de production et celui qui a comme seule propriété sa force de travail, travailleur libre de sa force de travail, travailleur « *libre* » de se vendre. L'exclusion dans l'idéologie libérale désigne simplement ceux qui pour des raisons culturelles, ethniques, au niveau des peuples, de handicaps au niveau des individus ne trouvent pas preneurs. C'est l'hôtel des Invalides de l'armée de réserve du travail. Mais dans la logique capitaliste, la lutte contre la pauvreté ne peut que rompre l'harmonie préétablie. « L'exclusion » stigmatise ceux que l'État protecteur prétend soustraire aux règles *naturelles* de la compétitivité sur le marché du travail. Dans un tel système le chômage n'est qu'un effet pervers de la non-acceptation de la compétition. Ce qui est vrai pour les individus l'est également pour les peuples, les nations invitées à une spécialisation compétitive, qui à terme restaurerait l'égalité, la réciprocité des intérêts dans l'échange. Avec l'utopie néo-libérale, un véritable compromis historique doit être passé entre les gestionnaires de la chose publique et ceux des intérêts économiques. Les politiques de traitement de la pauvreté sont le résultat de ce compromis et sur le terrain se rejoue sans cesse la parodie du social et de l'économique.

Grâce au marché considéré comme parfait, on voit qu'idéologiquement on peut passer d'une régulation étatique appuyant une concurrence compétitive des oligopoles sous la protection d'un gendarme universel imposant aux peuples et aux nations un partage de plus en plus inégal des ressources, à une vision en termes de compétition égalitaire et pacifique à l'échelle mondiale. Cela en laissant ignorer complètement que cette mondialisation a lieu dans un champ capitaliste qui ne cesse de produire des polarisations dans l'extraction du profit. Non seulement se multiplient les complexités organisationnelles servant d'écran entre le citoyen et la politique, mais encore il est de plus en plus affirmé que le politique n'a aucune possibilité d'intervenir sur l'économie. Dans le même temps tout est mis en œuvre pour opérer une confusion idéologique entre liberté du marché, c'est-à-dire liberté des capitaux et des marchandises, et liberté humaine, les institutions étant destinées à favoriser la relation marchande fournissant le modèle du contrat social.

Aujourd'hui, dans le contexte de la crise systémique, il y a recomposition du politique comme des conditions du dépassement des concurrences, recomposition selon nous lisible à trois niveaux :
– **Le premier est celui de la constitution d'un empire militaro-médiatico-financier, les États-Unis, qui jouerait en quelque sorte le rôle de l'instance universelle garantissant la paix éternelle kantienne (celle des cimetières ou celle de la fin de l'histoire). Le pouvoir, comme le dit Aron, devient de police.**
– **Le second est celui d'États supranationaux à l'intérieur d'espaces continentalisés et correspondant à une intégration sous l'égide du commerce financiarisé de systèmes productifs complexes.**
– **La recherche de niveaux de proximité où seraient traités les conflits sociaux et la dangerosité sociale.**

Notre étude a tenté de mettre en évidence, à partir de la question de l'exclusion, les modes de fonctionnement de ces niveaux de proximité : décentralisation, villes, nouvelles institutions comme la CLI, recomposition du tissu associatif. Il s'agit tout autant de mobiliser les bonnes volontés des couches dominées mais diplômées autour de « projets », que d'écrémer les individus des couches défavorisées susceptibles de s'investir dans l'espérance d'une « promotion » sociale, l'ensemble étant appuyé par l'îlotage, tout un dispositif sécuritaire à travers lequel se réalise l'alliance entre l'élite du pouvoir et de la finance et les couches moyennes. Ce maillage de la dangerosité sociale a d'autant plus de résultats que la population est captive, enfermée dans un territoire. Il représente une sorte de caricature extrême des conditions plus générales vécues par les individus, fussent-ils qualifiés : ces conditions renvoient à l'immobilité du marché du travail. D'où notre idée de comparer les marchés et l'exercice différencié de la démocratie dans des territoires.

Ainsi l'identification de la démocratie et du marché correspond à une phase de dynamique du capitalisme caractérisée par l'existence d'un marché financiarisé à la recherche de liberté pour le mouvement des capitaux alors même que le mouvement des hommes est entravé, mais également à un modèle de démocratisation. L'identification qui tend de plus en plus à s'opérer en Occident entre démocratie et marché implique en effet que les institutions démocratiques sont en priorité celles qui libèrent la gestion économique par le capitalisme et non celles qui génèrent un consensus progressiste ouvrant sur l'espace social.

Cette identification entre marché et citoyenneté est également à l'œuvre au niveau international. Ainsi le 27 octobre 1999, dans un débat préparatoire aux négociations de Seattle (États-Unis) dans le cadre de l'Organisation mondiale du Commerce, le secrétaire d'État au Commerce extérieur à déclaré à la tribune de l'Assemblée Nationale française :

« L'OMC ne doit être ni diabolisée, ni idéalisée. Le modèle de l'OMC n'est pas celui de la domination des forts sur les faibles, mais davantage celui, cher à notre tradition politique, du contrat social international entre partenaires libres et égaux ».

Chapitre X

Classes sociales

Exclusion

Notre enquête nous a permis de constater que les Rmistes, pour lesquels ont été mises en place des mesures de lutte contre l'exclusion, ne se distinguent pas fondamentalement des chômeurs. Les Rmistes constituent une simple catégorie administrative. Ils n'ont été détachés des chômeurs, c'est-à-dire des salariés privés d'emploi, que par l'institution en 1983 d'une autre catégorie administrative : *les fins de droits*. En 1983, le gouvernement français a décidé que des gens, privés d'emploi de manière durable, seraient exclus du régime général d'assurance contre le risque chômage. Cette décision correspondait à une baisse continue de l'emploi le moins diplômé, elle a aggravé les conditions de paupérisation de cette part du salariat.

En 1989, le gouvernement considère que le sort de ces mêmes chômeurs relève de la solidarité nationale : ils doivent recevoir un revenu minimum pour empêcher la *fracture sociale*. L'attribution de ce revenu minimum est assortie d'une obligation d'*insertion*, qui transforme un droit citoyen en obligation morale. Alors que le système d'assurance contre le risque chômage dépend des cotisations et reste donc solidaire de l'emploi, le RMI est fiscalisé. Donc pour prévenir le danger de rupture et sans doute la dangerosité sociale qui naît du choix de 1983 et de l'augmentation du nombre de chômeurs non indemnisés, on institue un dispositif particulier qui avec d'autres mesures annonce une modification beaucoup plus globale du statut des salariés et de leur protection sociale.

Ce dispositif n'est donc pas neutre, nous l'avons même considéré, comme dans le jeu dit de pousse-pousse[74], à l'instar de la case vide grâce à laquelle on peut opérer la recomposition de l'ensemble des droits salariaux. Le public auquel il s'adresse reste

---

[74] Le jeu dit de pousse-pousse nécessite une petite plaque, des carrés forment un puzzle, il s'agit en utilisant la case vide de les faire glisser jusqu'à reconstituer le dessin ou le message. La métaphore a déjà été utilisée par Lacan à propos du rôle joué par le complexe de castration dans la capacité au langage de l'être humain.

d'abord celui des salariés privés d'emploi. Le rapport à l'emploi ou plutôt au non-emploi continue à structurer l'ensemble de leurs conditions d'existence comme pour les autres chômeurs. C'est ce que démontre notre enquête. La manière dont nous remettons en cause la notion d'exclusion part de ce double constat : l'arrachement arbitraire du Rmiste au salariat privé de travail ne fonde en rien la topique d'un dedans et d'un dehors de la société à laquelle correspond la notion d'exclusion. Mais, au moment même où nous affirmons le caractère idéologique d'une telle notion, nous ne nions pas la réalité des effets du dispositif contre l'exclusion. On sait qu'une vision de la société peut être fausse mais que ses conséquences peuvent être bien réelles ; ainsi en est-il du racisme et de certaines croyances sectaires, reposant sur des analyses fausses de la société, ils n'en mobilisent pas moins un nombre plus ou moins grand de personnes et entraînent des actions et parfois même une institutionnalisation de ces idées fausses.

L'*exclusion* devenue un véritable phénomène de société, largement médiatisé, nous paraît participer de la recherche du consensus social autour de l'idéologie libérale qui caractérise l'exercice politique dans notre société. La référence aux *exclus* accompagne et justifie la plupart des dispositions d'atteinte contre les acquis salariaux. Nous avons noté qu'un véritable débat de société s'était organisé autour du revenu minimum. L'*exclusion* n'est pas une notion simple, elle forme système avec d'autres comme la *fin du salariat*, l'attribution d'un revenu minimal totalement détaché de l'emploi, la base citoyenne sur laquelle celui-ci pourrait être accordé, l'individualisation du salariat.

Autre constat, si l'on peut rattacher les exclus, dans leur grande majorité, au salariat et en particulier au salariat le moins diplômé, il est difficile de parler de classe sociale à propos de cette population. La référence à la classe ouvrière passe moins par une catégorisation des exclus que par la mise en évidence d'une nouvelle phase de paupérisation, correspondant à une nouvelle phase d'accumulation dans un contexte de développement scientifique et technique. Cette phase de paupérisation dépend moins de cette mutation technologique que de la défaite ouvrière de cette fin de siècle.

Dans les premiers chapitres de notre étude nous avons mis en relation le phénomène dit d'exclusion avec deux tendances lourdes de l'évolution mondiale et nationale : financiarisation et polarisation.

La finance, avons-nous tenté de montrer, n'est pas le phénomène atomisé, la nuée de sauterelles des petits actionnaires individuels, mais bien la forme de la propriété capitaliste dans sa recherche permanente, ontologique, de profit. La financiarisation correspond à un nouveau paradigme fondé sur une autonomie *relative* du capital par rapport au système productif et par rapport à l'État. En ce sens il y a une véritable révolution formelle par rapport à la période keynésienne qui s'est étendue depuis 1929 et la Seconde Guerre mondiale jusqu'à la fin des années soixante.

S'il y a *polarisation* c'est non seulement parce que cette nouvelle phase d'accumulation a un coût exorbitant pour les peuples du tiers-monde et une partie massive des travailleurs ou des gens privés d'emploi dans les pays développés, mais parce qu'il y a des gains pour une autre partie de la population. Nous avons vu dans nos premiers chapitres que l'on pouvait tracer une ligne de démarcation entre les pertes et les gains, les unes relevant des revenus du salariat, les autres du capital.

Ces gains correspondent à l'enrichissement d'une classe capitaliste, mais plus généralement ils correspondent à une véritable transformation des valeurs, à une valorisation de toutes les formes de propriété, mais singulièrement les plus audacieuses, les plus risquées, alors que la période keynésienne était centrée sur la maîtrise des effets conjoncturels à travers l'objectif du plein emploi et de la couverture des risques.

« *L'événement majeur (de la reprise de contrôle de la situation par la finance) fut le changement de politique monétaire de 1979, faisant de l'éradication de l'inflation un objectif quasi exclusif de la politique macro-économique. Héritant des outils de la macro-économie keynésienne, les gouvernements et institutions monétaires d'alors mirent en œuvre une politique efficace en cette matière. Elle vint se combiner aux mesures générales de déréglementation, à l'affrontement direct avec les syndicats, à une politique désormais favorable aux fusions. C'est ainsi que vint au monde une nouvelle ère, dite 'néo-libérale', signalant le retour de la finance au pouvoir.* »[75]

Le contexte de l'exclusion de masse est non seulement celui de l'attaque des protections sociales, mais aussi celui d'une recomposition du management d'entreprise autour de la rémunération des actionnaires. Il n'a pu s'installer que grâce à des politiques étatiques, à des niveaux territoriaux différents. Il s'agit bien d'une politique de classe, la classe capitaliste, capable non seulement d'opérer sur des bases financières et politiques mais de nouer des alliances avec toutes sortes de prêteurs, de petits propriétaires, comme d'ailleurs avec toutes les couches de diplômés participant à cette gigantesque réorganisation. Nous sommes confrontés à une nouvelle phase d'hégémonie du capital dont serait exclue une masse grandissante de la population et singulièrement une classe ouvrière « défaite » à tous les sens du terme.

Exclusion et marché du travail

Telle qu'elle apparaît à travers notre enquête, la population des Rmistes n'est pas homogène. Pourtant elle appartient en majorité, de par sa qualification ou par son origine, au monde du travail dit manuel. De fait la qualification des Rmistes ne renvoie pas seulement aux diplômes. Faible qualification reconnue mais aussi captivité dans ses modes de vie semblent caractériser aujourd'hui cette force de travail. Les générations que nous avons observées reflètent chacune à leur manière l'évolution du marché du travail sur une quarantaine d'années et le RMI joue un rôle différent suivant ces générations : première étape dans l'accès à un revenu qui mène vers l'acceptation de la précarité et

---

[75] Gérard Duménil et Dominique Lévy, « Coûts et avantages du néo-libéralisme », *Actuel Marx*, décembre 1999, p. 212.

les bas salaires, revenu minimum inconditionnel combiné avec le travail « au noir », préretraite dont la modicité pèse sur les plus âgés. Le dispositif de lutte contre l'exclusion fabrique son public, le rend plus « flexible ». Il s'agit d'une histoire de la vente de la force de travail sur quelques décennies.

Si nous restons au niveau du marché du travail, plutôt que de parler d'exclusion, ne conviendrait-il pas alors de faire référence à une segmentation avec d'un côté des salariés à très haute qualification que l'entreprise chercherait à s'attacher, et de l'autre les travailleurs non diplômés voués à la précarité, aux bas salaires et au chômage ?

Aujourd'hui, après avoir proclamé la fin des classes sociales, certains auteurs constatent avec stupéfaction leur retour en force. Mais s'agit-il bien de classes sociales ?

On observe en fait le développement des inégalités, la polarisation sociale. La nouvelle phase de paupérisme affecte des populations différentes à l'échelle mondiale : elle touche les travailleurs les moins diplômés dans les pays riches et de nouveaux salariés qualifiés surexploités dans les pays dits *émergents*, entrés dans une phase d'industrialisation rapide. Ce paupérisme signifie-t-il que seule une partie de la population, les *ratés de la croissance*, subit cette paupérisation ? D'où le thème de l'*exclusion* même si l'on reconnaît volontiers le caractère massif de celle-ci. Notre hypothèse est différente : certes le paupérisme, surtout dans les pays riches, ne concerne pas l'ensemble des salariés mais, sous l'influence de ce phénomène, on assiste à une transformation beaucoup plus globale.

Pour comprendre le rôle de l'*exclusion*, pourtant, il faut considérer cette population dans les évolutions du marché du travail et de sa segmentation. Ainsi à partir de la récession de 1993 en France, il y a eu fin de la baisse continue de l'emploi non qualifié. Cet emploi était désormais caractérisé par un allégement des charges patronales, une précarité de statut (stages, CDD, intérim) et une baisse d'environ 10 % des salaires des nouveaux entrants. Alors que la récession de 1993 s'est traduite par une décrue relative de l'emploi des cadres, l'emploi des très qualifiés reprend d'ailleurs lors de la nouvelle période de croissance de 1996. Si l'emploi très qualifié semble donc paradoxalement plus sensible aux cycles conjoncturels que *l'emploi non qualifié*[76], c'est parce que ce dernier a été ramené à des conditions de rentabilité maximale. Certains auteurs (Hammer par exemple) considèrent qu'il y a effectivement intégration au niveau de l'entreprise du capital (en particulier technologique) et de l'emploi très qualifié, ce qui explique la sensibilité aux cycles. En outre, ces études montrent que l'emploi très qualifié, même quand il subit une perte de salaire, continue à avoir un coût qui progresse à cause du déplafonnement des cotisations. On peut alors imaginer que l'effet du dispositif de lutte contre l'exclusion qui a abouti à l'exonération des charges patronales, dans le même temps où il fiscalisait une part du risque chômage, ne demande qu'à s'étendre. Pour fixer les emplois très qualifiés en période de conjoncture favorable, le patronat met déjà en place des compensations salariales ou d'intéressement par l'actionnariat, forme positive du détachement du salaire de la cotisation. Il s'agit cette fois d'intégrer cette part du salariat aux revenus du capital. Cette tendance existe même si elle ne concerne qu'une faible couche de salariés, et surtout des salariés des pays riches, travaillant pour la plupart dans des secteurs de pointe ou des firmes nationales. Elle a d'autant plus de force qu'on assiste depuis 1983 à l'évolution des revenus et des patrimoines. Tandis que les revenus du capital ne cessent d'augmenter, ceux du salariat baissent ou ne connaissent aucune évolution. Une autre caractéristique de la période concerne la promotion qui dépend de plus en plus de carrières individualisées et de moins en moins de critères collectifs.

L'analyse des effets conjoncturels montre à elle seule que le marché du travail n'est pas autonome. Nous avons remarqué en effet que celui-ci doit être intégré à un triple marché : capitaux et technologie, produits et travailleurs. Ces marchés sont loin d'avoir des caractéristiques identiques : s'ils fonctionnent d'une

---

[76] Nous reprenons ce terme de non qualifié devenu usuel mais nous avons vu que la confusion entre non qualifié et non diplômé est relativement récente et marque, selon nous, une évolution négative des rapports de force entre le capital et le travail dans la reconnaissance des qualifications réelles.

manière intégrée, ils admettent des différences fondamentales de mobilité.

Donc au-delà des qualifications, il faut réintégrer les marchés du travail dans des spécificités qui opposent non seulement marché du travail qualifié et non qualifié mais encore la dimension nationale du marché du travail et le rapport centre-périphérie. Car le marché du travail se définit dans un contexte de développement qui est d'abord national, même si apparaissent de plus en plus des formations économico-politiques continentales.

Deuxième caractéristique de ces marchés, c'est qu'ils n'apparaissent en équilibre ou en recherche temporaire d'équilibre que dans la fiction néo-classique, dans la théorie de Walras en particulier. De même le recours de ces théories à l'individualisation de l'offre et de la demande est aussi pure fiction. Le marché des capitaux témoigne du poids déterminant des institutions financières et des grandes firmes multinationales[77]. Le marché, quelle que soit la théorie à laquelle on se réfère, suppose la prise en compte des institutions, organisations, qui en déterminent les conditions de possibilité et les transformations. Ce qui est vrai pour le marché des capitaux l'est davantage pour le marché du travail. Ce dernier marché, en effet, est un marché moins mobile que les autres. La vente de la force de travail ne peut donc s'abstraire, quel que soit son niveau de qualification, des caractéristiques localisées du marché du travail : l'exemple des ingénieurs informaticiens en Inde illustre cette spécificité qui nous renvoie à la production de valeur. Celle-ci demeure essentielle malgré l'aspect spéculatif du marché des capitaux et son apparent détachement des résultats réels de l'entreprise. Cette dimension spéculative existe et elle renforce l'aspect usurier du capital financier, la position rentière d'un pays comme les États-Unis. Mais elle s'ancre sur la puissance financière, technologique et militaire du centre, et sur sa capacité à travers les firmes à réorganiser le système productif de la planète. Il faut donc alléguer que l'extorsion de survaleur,

---

[77] La référence au rôle joué par les fonds de pension en arrive parfois à conforter une vision de l'atomisation des marchés financiers et à travers cette vision une conception du caractère « naturel », donc incontrôlable de ces phénomènes.

l'immobilité des marchés du travail et leur développement particulier représentent autant de questions cruciales.

La qualification sur les marchés du travail ressortit aux formations dans un contexte de développement technologique ; elle dépend aussi d'une reconnaissance sociale qui est le produit historique de la lutte des classes, au terme d'une longue période de l'histoire nationale et, à une échelle plus petite, des phases d'accumulation du capital et des cycles conjoncturels. Donc analyser les caractéristiques du marché du travail et le rôle joué par l'*exclusion* suppose la prise en compte de l'étude des classes sociales, c'est-à-dire des formes organisées de la vente de la force de travail. D'où le rôle central que nous attribuons dans notre problématique au constat d'une *défaite ouvrière* qui pèse lourdement sur le marché du travail et sur l'utilisation du paupérisme dans la mise en concurrence de la force de travail.

Évolution des rapports de classes

L'étude du marché du travail dans les pays riches soulève une question récurrente, celle de la disparition de la classe ouvrière et de la montée en puissance d'une couche de travailleurs étroitement liée au développement du centre. Notons tout de suite la manière idéologique dont on fait glisser dans l'analyse cette couche de travailleurs, liés à une économie de service et pourvus de diplômes, vers la catégorie des managers créanciers-actionnaires participant aux revenus du capital. Pourtant ni par leur poids numérique, ni par leur position ils ne sont susceptibles d'être à l'origine d'un infléchissement des critères de rentabilité capitaliste autrement qu'en se battant en tant que salariés. Ils sont néanmoins intégrés à un nouveau système productif où, comme nous l'avons vu, l'individualisation de la rémunération, les stratégies de promotion individuelle ont plus d'importance que les formes d'action collective. Mais là encore, il faut nuancer l'analyse.

La catégorie *employés*, *cols blancs*, renvoie à la fois à la tertiarisation du salariat, à son extension, à la transformation du système productif central, à la révolution informationnelle et grâce à celle-ci au rôle nouveau d'un commerce international financiarisé et informatisé. Elle relève dans sa massification de processus homogènes mais c'est une catégorie fondamentalement hétérogène.

Là encore, il nous paraît utile au sein de cette catégorie hétérogène de distinguer des facteurs de différenciation :
– ceux qui relèvent du type de revenu ; celui-ci dépend-t-il du salariat ou de la propriété du capital ?
– plus généralement cette distinction renvoie non seulement au type de patrimoine mais encore à la participation plus ou moins directe des individus au management financier et à la direction des entreprises privilégiant de plus en plus la rentabilité des actions.

On voit à quel point nous sommes loin d'une moyennisation de la société, y compris dans les pays riches.

Une autre dimension essentielle est celle de la quasi-disparition d'une classe antagonique. Cette disparition du champ de notre vision n'est pas pour rien dans les idéologies de la fin de l'histoire. On se souvient que jadis on cherchait en vain les contours de la classe capitaliste, aujourd'hui ceux-ci s'affirment tandis que s'éteint l'idée d'une classe capable de porter une nouvelle période historique.

La « moyennisation » renvoyait à une évolution de la classe ouvrière que dans un récent article Robert Castel a tenté d'analyser : selon cet auteur *la perte de la centralité ouvrière*[78] s'est d'abord opérée dans un contexte d'amélioration générale du sort du salariat et d'une relative cohésion des catégories qui le composaient. Dans cette analyse Robert Castel ne se contente pas d'étudier l'évolution des catégories salariales par rapport au marché du travail mais il aborde le problème des classes sociales par le biais de leur capacité d'organisation.

---

[78] Robert Castel. « Pourquoi la classe ouvrière a-t-elle perdu la partie ? », *Actuel Marx*, 1999.

Ainsi dans les années soixante et soixante-dix, il était beaucoup question d'*embourgeoisement* de la classe ouvrière, et effectivement celle-ci paraissait s'intégrer à un salariat plus large comme le notait Michel Verret dans sa trilogie sur la classe ouvrière[79]. Cette classe caractérisée jadis par l'urgence, la précarité, les formes collectives d'organisation quittait le quartier ouvrier pour rejoindre d'autres catégories de salariés dans le travail comme les modes de vie. Mensualisé, le budget ouvrier s'alignait peu à peu dans la répartition de ses dépenses sur celui des autres salariés. Cet embourgeoisement ou plutôt individualisation était certes mis en évidence par différentes études, mais pouvait-on parler déjà de perte de centralité ouvrière alors que l'ensemble des salariés tendait à adopter des formes collectives d'organisation issues des modes de lutte des ouvriers (syndicalisation, manifestations, grèves, etc.). Mai 68 ne constitue-t-il pas l'apogée de ces processus et en même temps le moment de la rupture avec l'hégémonie ouvrière sur le salariat ? Il en aurait été à ce moment-là de la classe ouvrière comme du boulangisme, dont un conspirateur disait : *A partir de minuit, les actions du boulangisme sont en baisse !* Faute d'avoir pris le pouvoir ou d'avoir fait la preuve que ses modes d'action étaient politiquement efficaces, à partir de mai 68, en France et dans le monde, les actions de la classe ouvrière sont en baisse.

Aujourd'hui, toujours selon l'analyse de Castel, même dans les pays développés du centre, cette harmonisation moyenne est profondément remise en cause par la dégradation du statut de nombreuses catégories salariales. On constate *un effritement de la stabilité de nombreuses catégories salariales* avec l'apparition du *risque chômage et du risque précarité* qui ont un effet particulièrement déstructurant sur la condition ouvrière et sur les employés de la strate inférieure. La mise en concurrence par le chômage massif mais aussi la précarité, dissout les formes

---

[79] Michel Verret. *Le travail ouvrier, L'espace ouvrier* et *La culture ouvrière*. Dans ces trois ouvrages Michel Verret analysait la manière dont dans la production comme dans les modes de vie, la classe ouvrière avait connu une évolution séculaire qui tendait à la rapprocher des autres salariés.

collectives d'organisation plus encore que l'influence des couches moyennes.

En complément de cette analyse, il serait bon de relire un article de J.H. Goldthorpe et D. Lockwood, qui, au début des années 60, critiquaient l'idée d'*embourgeoisement* de la classe ouvrière à partir des progrès de sa condition. Ils aboutissaient à un certain nombre de conclusions que l'on pourrait utilement reprendre pour dépasser le stade des intuitions[80] :

Pour ces auteurs il s'agit moins, en effet, d'*embourgeoisement* que d'*individualisation* des travailleurs prolétariens.

Premièrement, l'article insistait sur l'hétérogénéité de la classe moyenne et donc sa difficulté à présenter un modèle unique susceptible de s'imposer aux ouvriers : « *Il est donc important que la recherche future s'attache à étudier les relations entre la classe ouvrière et les groupes de la classe moyenne spécifiquement définis par la faible distance qui les sépare des ouvriers* ». (p. 150).

Alain Chenu s'est attelé à cette tâche dans son étude sur les employés et les résultats en paraissent particulièrement convaincants. Une telle perspective nous permet de mieux comprendre la paupérisation qui touche le *travail non diplômé* aujourd'hui.

Deuxièmement, J.H. Goldthorpe et D. Lockwood insistaient sur l'idée que les convergences entre les basses couches moyennes et les ouvriers ne signifiaient pas la désaffection de ces derniers pour une mentalité collectiviste. Ces convergences, en effet, sont produites par une modification structurelle du mode de vie de l'ouvrier, en matière de relations industrielles, familiales et locales. Elles sont liées aussi *aux progrès réalisés dans l'industrie au point de vue de l'organisation et de la*

---

[80] L'article est de 1963 mais il est publié en France en 1968 : J.H. Goldthorpe et D. Lockwood, paru dans *Le métier de sociologue* de Pierre Bourdieu, Jean-Claude Chamborodon et Jean-Claude Passeron, Éditions Mouton (1968). Cet article analysait à la fois l'*enrichissement de la classe ouvrière* et les interrogations de l'époque sur sa *perte d'identité*.

technologie, au processus d'urbanisation, à des tendances de l'évolution démographique, et à l'évolution des moyens de communication de masse, et de la « culture de masse ».

Troisièmement, les auteurs montraient que même dans la *nouvelle classe ouvrière*, la plus soupçonnée d'*embourgeoisement* par contamination de la classe moyenne, les objectifs économiques restaient plus marqués que la recherche d'un statut par promotion individuelle. En fait, suite aux modifications structurelles précédentes, on avait beaucoup plus dès le milieu des années soixante *un ouvrier coupé de son milieu* qu'*un ouvrier aspirant à une promotion sociale*. Un ouvrier coupé de son milieu signifiait un ouvrier qui ne participait plus à la *communauté ouvrière*.

Nous nous étions interrogés avec Alain Chenu, sur la manière dont l'hégémonie capitaliste s'inscrivait dans l'usine mais aussi dans la vie quotidienne[81] et nous avions constaté l'évolution des modes de vie ouvriers aux deux pôles de la classe ouvrière, l'ouvrier masse peu qualifié au sens plein du terme et pas seulement l'ouvrier non diplômé et l'ouvrier des grandes firmes automatisées. Au centre restait l'ouvrier de métier, celui sur lequel s'était peu à peu établie l'organisation ouvrière. D'autres variables que le métier devaient être prises en considération, en particulier l'ensemble de la consommation ouvrière et son mode d'insertion ou non dans un milieu ouvrier politisé par le biais d'un quartier. Dans notre analyse d'une lutte pour l'emploi dans les quartiers nord de Marseille, dans une zone pourtant massivement touchée par le chômage, nous avons retrouvé cette influence de la *communauté ouvrière*, même s'il ne s'agit plus que de vestiges.

La conclusion de Goldthorpe et Lockwood mérite elle aussi d'être méditée : la coupure avec le milieu ouvrier qui relevait, on l'a vu, d'effets structurels, se combinait néanmoins avec le maintien d'une mentalité économique. Celle-ci, toujours selon ces auteurs, amenait l'ouvrier vers des choix calculés et opportunistes, les attaches politiques en étaient fragilisées « *et*

---

[81] Danielle Bleitrach et Alain Chenu. *L'usine et la vie*. Maspero. 1979.

point n'est besoin de dresser l'épouvantail du chômage généralisé pour faire percevoir de quelles façons elles peuvent se disloquer. » (p. 153).

En entamant sa nouvelle phase d'accumulation, le capital aurait parachevé le programme de la classe bourgeoise : non seulement imposer une nouvelle rationalité où la qualité se transforme en quantité, les valeurs en prix, l'homme en marchandise, mais aussi dissoudre les communautés anciennes, aller vers l'individualisation. La classe ouvrière a été balayée dans ses formes collectives comme d'autres communautés plus anciennes. Il y a eu défaite ouvrière liée à des conjonctures (au niveau international a pesé lourdement la querelle sino-soviétique, au niveau national, l'incapacité à agir politiquement dans la crise de mai 68), mais cette défaite ne peut s'expliquer structurellement que par rapport à des tendances profondes : mutations scientifiques et techniques, urbanisation, etc., dans lesquelles sont pris les modes de vie ouvriers.

Nous retrouvons l'idée forte d'Henri Lefebvre sur la rationalité politique qui part de la vie quotidienne :

« *Cette rationalité, explicitée par la philosophie, implicite dans la quotidienneté, d'où peut-elle provenir ? (...) Chez Hegel, c'est clair : la rationalité vient de la Raison, de l'Idée, de l'Esprit. Chez Marx et pour le marxisme, c'est encore clair : la raison naît de la réflexion inhérente à l'activité créatrice prise dans toute son ampleur.* »[82]

Cette activité créatrice qui part de la vie quotidienne peut aussi être définie comme le désir de vivre ou la volonté de vivre mieux. Cette définition de la rationalité explique pourquoi la transformation politique ne peut pas se réaliser à travers une histoire transcendante à elle-même dans sa finalité, mais par l'intervention des hommes.

Enfin, la défaite ouvrière a été recherchée d'une manière tout à fait consciente par les forces conservatrices de chaque pays. Le

---

[82] Henri Lefebvre : *La vie quotidienne dans le monde moderne.* Minuit, 1966, p. 34

cas le plus extrême fut celui de la Grande-Bretagne où un combat social d'une grande ampleur parut consacrer, en 1972, la victoire du monde ouvrier. En France, de restructurations industrielles en licenciements massifs, de Longwy à La Ciotat, le monde ouvrier ne s'est pas rendu sans combat. Mais là encore, les victoires de la combativité ouvrière des années 70 semblent donner des arguments à l'offensive des années 80. Dès cette époque, le thème dominant devient celui de la dénonciation de l'anarchie ; sont confondues dès cette époque, les violences urbaines, les manifestations ouvrières et estudiantines, la diffusion de la drogue et toute forme d'explosion populaire. En Angleterre, sont assimilés guerre civile en Irlande, manifestations des mineurs, hooliganisme dans les stades : la violence menace l'exercice de la démocratie. Déjà à ce moment, il s'agit d'un travail politique sur l'organisation d'un consensus qui repousserait à la marge les formes de lutte ouvrières. La peur n'est créée que pour développer une exigence massive de sécurité et les médias jouent un rôle essentiel dans la diffusion de ces thèmes. En France, le consensus recherché passe moins par un affrontement que par une assimilation : au début des années 80, le Parti communiste français se voit offrir un strapontin dans un gouvernement qui dès 1983 adopte une politique néo-libérale. Sortir du gouvernement après y être entré, alors même qu'a avancé l'idée que l'issue à la crise passe par le consensus politique, ne peut que pousser les organisations ouvrières un peu plus vers la marginalisation politique. Paradoxalement, le monde ouvrier anglais, après sa défaite dans les luttes, paraît moins avoir perdu de sa centralité dans la société britannique, que le monde ouvrier français après la participation gouvernementale de ses forces dites révolutionnaires.[83]

On voit qu'une étude de l'évolution des classes sociales reste à faire pour passer de l'analyse empirique des individus touchés par le paupérisme à quelques caractéristiques générales relevant de la définition de ces classes aujourd'hui. Même un concept comme celui d'individualisme, qui renvoie à la fois aux modes de lutte et

---

[83] Il suffit de comparer le cinéma britannique et le cinéma français pour voir que dans le cas du premier la défaite est nommée, montrée, dans le cinéma français au contraire, cette classe n'existe plus, elle a disparu.

aux modes de vie, donc à la rationalité politique ouvrière, reste bien rustique. Ce que nous avons défini comme la défaite ouvrière supposerait en effet de bien distinguer les processus structurels sur le long et le moyen terme, la manière dont ils ont modifié et continuent à modifier *la communauté ouvrière*, de la permanence d'attitudes fondées plus sur l'utilitarisme économique que sur la recherche de statut, ce qui, selon Goldthorpe et Lockwood, caractériserait plus la couche élevée de la classe moyenne et son individualisme. Ce qui relativise beaucoup la renonciation au *collectivisme*. Le lien avec les formes d'organisation collective, même s'il est rendu de plus en plus difficile par le chômage et la précarité, autant que par l'affaiblissement parallèle des organisations ouvrières, est toujours susceptible de se reformer. Notre analyse du mouvement des chômeurs marseillais et de la lutte pour l'emploi en illustre les difficultés mais aussi le caractère récurrent.

Nous avons vu que certains auteurs observaient le retour des classes sociales, il s'agit le plus souvent de marquer la polarisation du salariat et la paupérisation d'une partie de celui-ci. Mais la référence aux classes sociales passe aussi par son organisation. Comme l'indique Robert Castel, l'émancipation ouvrière opère un tournant, tant ses modes de lutte et ses formes de collectivisation sont usés : cette classe de salariés, davantage frappée aujourd'hui qu'autrefois, subit le poids d'une défaite politique. Par ailleurs, les prolétaires sont contraints, parfois, à défendre leurs intérêts à la limite de la légalité. Charles Hoareau avait fait cette observation dans une interview déjà citée : l'urgence d'un remède à la précarité est souvent incompatible avec le respect de la loi. Il est clair pourtant que ce modèle de desperados n'est pas susceptible de recréer la *centralité ouvrière*, du moins dans les pays de la triade.

La situation est paradoxale : tandis qu'une classe, mêlant ouvriers et employés sur le critère de l'organisation du travail autant que des revenus, pourrait se créer objectivement, la concurrence dissout de plus en plus les formes collectives déjà mises à mal dans la période d'ascension de la classe ouvrière[84].

Ce qui a été remis en cause est le rôle *central* de la classe ouvrière dans l'organisation politique des salariés. Or il n'y a pas à proprement parler de classe sociale sur la seule base de la situation dans la production sans forme organisée. Robert Castel rapproche l'individualisme produit par cette mise en concurrence des premiers temps du capitalisme :

« Le travailleur était aussi traité comme un individu 'libre' et sans protections, et on sait ce qu'il lui en a coûté. C'est en s'inscrivant dans des collectifs, collectifs de travail, collectifs syndicaux, régulation collectives du droit du travail et de la protection sociale, qu'il s'est libéré des formes négatives de la liberté d'un individu qui n'est qu'un individu ».[85]

La perte de centralité ouvrière nous est apparue d'abord comme la remise en cause du collectif ouvrier. La classe ouvrière est doublement défaite : une défaite politique analysée dans les premiers chapitres. « L'exclusion » apparaît bien comme le résultat de choix politiques pris en faveur des forces conservatrices. Nos chapitres sur la crise systémique et la recomposition des systèmes productifs sous l'égide du capitalisme financier, favorisée par la « révolution informationnelle », montrent l'ampleur de cette défaite politique. Ils montrent comment elle s'inscrit dans une crise systémique et se traduit par des choix politiques néo-libéraux.

La classe ouvrière des pays riches se défait. Le pourcentage des ouvriers dans la population active diminue et surtout les ouvriers perdent leur caractère collectif. Avec la réorganisation mondiale des systèmes productifs, on voit réapparaître dans les pays dits émergents de grandes concentrations ouvrières y compris sous des formes hautement qualifiées comme dans le cas des informaticiens indiens. Mais dans les pays développés du centre,

---

[84] Le rapprochement, comme l'a montré Alain Chenu dans son étude, va plus loin que les bas revenus et la précarité, il concerne également le type de productivité du travail et l'organisation de ce travail.
[85] R. Castel. *Pourquoi la classe ouvrière a-t-elle perdu la partie ?* Op. cit., p. 23.

ce collectif ouvrier est profondément remis en cause : délocalisation, montée des PME sur les grandes zones d'anciennes concentrations ouvrières, multiplication de l'appel à un personnel intérimaire, chômage et travail noir. L'informel urbain se développe. C'est dans un tel contexte qu'il faut analyser « l'exclusion ». Nous avons choisi dans notre enquête empirique de privilégier quelques approches que nous jugions essentielles.

La première était une analyse en termes de génération. Cette dimension nous permettait de mettre en relation les dits phénomènes « d'exclusion » avec les évolutions du marché du travail. Mais le propos va bien au-delà. La perte du collectif ouvrier recèle une énorme souffrance. Les observations de Goldthorpe dans les années 60 demeurent exactes. Les ouvriers et une grande partie des employés, les femmes en particulier, ne sont pas en situation d'adopter un modèle de promotion individuelle, de défense du statut, le modèle demeure « utilitaire ». La perte du collectif ouvrier laisse une masse d'individus complètement démunis. Plus grave encore, il y a dans cette situation une impossibilité pour la classe de se reproduire dans les faits et symboliquement. La souffrance maximale se situe donc entre les générations. Quand on voit croître le nombre de Rmistes ayant des diplômes et que l'on constate leur appartenance aux couches populaires, on ne peut que souligner le fait mais celui-ci dans sa sécheresse statistique ne nous dit rien sur la violence subie par l'ouvrier qui renonce à transmettre sa culture, ses modes de vie, espère tout de l'éducation donnée à son enfant et le retrouve Rmiste. Le jeune lui-même sans référence passe sous le joug du RMI, y perd une part de ses illusions et accepte un travail au-dessous de ses espérances. Pour rompre avec la littérature misérabiliste sur l'exclusion nous n'avons pas voulu faire état de toute cette souffrance, mais elle est massive. Son origine est à rechercher dans la difficulté de donner une dimension sociale à la filiation.

La seconde approche était de prendre en considération l'ensemble des modes de vie. La destruction du collectif ouvrier, de ses bases communautaires, part du monde du travail mais elle atteint l'ensemble de la vie de tous ceux qui salariés, chômeurs, exclus, n'ont plus la possibilité de construire des formes communautaires. Nous avons vu à quel point celles-ci restaient à l'état de vestiges, la captivité aussi dans des lieux dont on craint pourtant en permanence d'être chassé.

Ici nous retrouvons le constat de Castel sur le caractère collectif des conquêtes ouvrières, sur la décadence actuelle des organisations ouvrières, partis, syndicats, et au-delà sur la manière dont la vie associative devient un instrument de contrôle politique. Ce niveau est à distinguer de celui énoncé plus haut de la transmission intergénérationnelle mais la distinction ne signifie pas la rupture. Le militantisme connaît aussi ses crises intergénérationnelles.

La troisième approche a de ce fait consisté à étudier la territorialité. Cela nous permettait d'articuler les modes de vie avec les caractéristiques d'immobilité relative du marché du travail, mais aussi de comprendre en quoi les conditions économiques se combinaient avec l'exercice du pouvoir politique. C'est-à-dire de réintégrer notre questionnement sur l'exclusion dans une interrogation plus large sur le devenir des classes sociales.

Une des dimensions de la fameuse flexibilité pour améliorer le marché du travail, selon les thèses néo-libérales, correspond à une décollectivisation du salariat. Celle-ci ne peut que renforcer la polarisation puisque l'ensemble du salariat est alors soumis à la mise en concurrence du marché du travail.

A la périphérie, apparaissent de nouvelles grandes concentrations industrielles dans des conditions d'exploitation renouvelées et proches de celles du premier âge industriel européen. Parfois, comme en Corée du Sud, on voit l'émergence de véritables mouvements ouvriers. Mais on assiste aussi à la mise en place de conditions telles que ces forces de travail peuvent réclamer le moins de salaire possible, accepter des conditions de précarité et de très faibles rémunérations. Il existe autour de ces conditions extrêmes, souvent à partir du monde rural, des mouvements de grande ampleur, dont l'exemple le plus remarquable est celui des *sans terre* au Brésil. Au Brésil, comme au Chiapas, il ne s'agit pas de simples jacqueries mais, autour d'un mouvement d'origine rurale, souvent indigène, d'une recomposition de tous les secteurs en lutte (travailleurs luttant contre la privatisation des services publics et même comme le Barzoi au Mexique, organisations de couches moyennes endettées et frappées par les dévaluations de la monnaie locale). L'ennemi commun est désigné sous le titre général de globalisation financière, les institutions financières nationales et internationales mais également les firmes multinationales et les États-Unis. Tous ces mouvements sont apparus sur le devant de la scène, dans leur fondamentale hétérogénéité, à Seattle pendant le sommet de l'Organisation mondiale du Commerce de 1999.[86]

La véritable question est alors d'analyser la manière dont s'organisent les mouvements sociaux. Ceux-ci, pour le moment, semblent avoir perdu toute centralité alors même que l'adversaire désigné de chacun d'entre eux est ce système de mondialisation financière. D'où notre interrogation : peut-il y avoir des luttes localisées sans que cela corresponde à un enfermement, à des mouvements étouffés dans l'œuf, à une incapacité de fait à construire une organisation politique sans laquelle on ne peut dépasser la mise en concurrence du marché du travail ? Ne convient-il pas dans la phase de la mondialisation de dépasser le stade associatif pour retrouver celui du politique ?

Quand nous étudions la territorialisation de la lutte des classes nous faisons référence à la manière dont les catégories de la vie collective se sont inscrites dans l'espace, ce qui renvoie à l'histoire, à la mémoire des classes et des groupes sociaux. Et aussi au caractère institutionnel de cette territorialisation et, pour reprendre un terme célèbre de Gramsci, à la guerre de position qui s'y déroule. Dans notre chapitre consacré à l'étude d'une lutte pour l'emploi dans un quartier ouvrier de Marseille, nous avons vu que cette lutte illustrait les contradictions de sa territorialisation : celle-ci constitue à la fois un point d'appui et

---

[86] Encore qu'il faille noter que Seattle demeure une des villes les plus syndiquées des États-Unis, et même si les médias ont insisté sur les formes les plus originales mais aussi parfois les plus marginales des manifestations, la base syndicale ouvrière a joué un rôle essentiel dans la rue. Comme d'ailleurs les pays du Sud ont joué leur rôle dans l'échec des négociations.

un enfermement. C'est-à-dire qu'elle s'appuie sur l'existence de positions localisées où la lutte est rendue plus aisée, mais dans le même temps elle consacre la contradiction importante entre la mobilité des capitaux, l'ampleur des marchés avec l'absence de mobilité du marché du travail, ses localismes qui deviennent le moyen de l'exploitation diversifiée.

En fait la centralité d'une classe revient à définir sa capacité hégémonique qui dépasse non seulement la sphère économique mais y compris le politique pour s'imposer sur le plan culturel. Pour Marx, le modèle de la prise de pouvoir révolutionnaire demeure l'action de la bourgeoisie dans le dépassement de ses propres aspects concurrentiels, dans sa lutte contre la féodalité. Au départ la lutte est individuelle, par la méconnaissance de la loi (l'illégalité), le braconnage et le banditisme, la fuite, puis se construisent des conditions plus vastes de la commune à la nation. Dans cette lutte pour l'hégémonie, il y a la nécessité de vaincre l'émiettement, la dispersion et de développer des marches convergentes vers les positions à conquérir. L'Etat-nation a constitué longtemps le cadre de ce passage au politique. Qu'en est-il aujourd'hui ?

L'État-Nation

L'Etat-nation n'est pas un simple reflet d'un capitalisme abstrait tant dans les rapports de production que dans le marché, mais bien celui d'un capitalisme historique, de processus concrets, dans lequel une analyse en termes de classes sociales reste à repenser quand on se situe au niveau de la recomposition du salariat à travers l'exclusion. Avec la double nécessité d'accepter une séparation entre la sphère économique et la sphère politique sans jamais dissocier cette autonomie relative de la nécessité de penser leur indispensable articulation.

Dans la définition de l'unité nationale il est indispensable d'envisager la manière dont se sont construits les rapports de classes dans ce cadre national.

Plus géo-économique que géopolitique, la mondialisation actuelle a pour corollaire la montée de régions continentales. D'où le thème récurrent de la disparition de l'Etat-nation. Cependant nous ne pouvons nous en tenir à un tel constat dans le cadre de notre problématique. Il est important en effet de s'interroger sur le rôle actuel joué par les États-nations dans le triple marché intégré des marchandises, des techniques et du capital et de la force de travail. La hiérarchie des systèmes productifs nous oblige à voir que ces systèmes sont d'abord nationaux, quelle que soit la présence des firmes multinationales. Ils sont le produit historique d'un développement multidimensionnel (infrastructures matérielles, accès aux ressources mondiales par la puissance militaire, recherche, éducation, santé, etc.) qui a les nations pour cadre. Dans ce contexte, la lutte des classes a eu comme cadre les nations. Elle a eu une influence déterminante sur les politiques étatiques nationales.

La plupart des mécanismes qui, au titre de la mondialisation, ont été mis en place à la fin des années 70, sont passés par une auto-déréglementation étatique au profit de grandes institutions financières (banques, assurances, fonds de pension). Les déréglementations qui consacrent l'affaiblissement de l'Etat-nation coïncident avec cette période historique caractérisée par la montée de la croissance financière et la défaite ouvrière des années 80. Cette défaite a une double dimension : elle est internationale avec l'implosion des économies planifiées à l'Est, et aussi (à partir du constat d'une *dette insoutenable*) le développement de nouvelles pressions sur les pays du tiers-monde. Elle est nationale avec la dénonciation des acquis sociaux dans les pays développés. Dans tous les cas, il s'agit d'une remise en cause de l'État régulateur sur le marché de la force de travail pour diminuer la mise en concurrence à l'échelle internationale comme nationale. Il ne s'agit pas tant de la fin de l'Etat-nation que d'une atteinte généralisée à la propriété publique et de la remise en cause de la planification.

C'est dans ce contexte que nous avons tenté de voir, à travers l'exemple du RMI, comment l'exclusion jouait un rôle dans la recomposition du salariat en France. Comment le chômage mais aussi les politiques locales de traitement de la pauvreté accompagnaient une nouvelle phase d'exploitation débutant par la remise en cause des acquis antérieurs de la lutte des classes. Nous voyons bien donc que les transformations institutionnelles et politiques, la remise en cause de l'Etat-nation, ne signifient pas qu'il y a eu un État-nation, service public, autonome par rapport aux intérêts de la classe capitaliste, mais bien qu'il y a eu transformation au sein des appareils étatiques des rapports de force, une défaite ouvrière. La perte de la centralité ouvrière signalée par Robert Castel est d'abord l'échec du parti léniniste sous sa forme stalinienne. La perte de centralité est aussi perte de théâtralité, de représentativité autant que de représentation. Le parti léniniste était la forme achevée de la totalité politique (programme, vision sociale, économique mais aussi éthique et culturelle sous domination politique), la seule organisation comparable à l'État. Son échec à diriger une société ne rend pas la démocratie occidentale plus crédible et atteint tous les partis politiques dans leur mode de fonctionnement. Les partis politiques régentent la société, mais connaissent une crise de crédibilité profonde au fur et à mesure qu'ils n'ont pas d'alternative à offrir, et ce même s'ils demeurent plus que jamais indispensables au maintien de la fiction pluraliste. C'est pour cette raison qu'en dehors des partis d'autres modes de gouvernance apparaissent : celui de l'État gendarme universel, celui de la technocratie continentalisée (Europe et d'autres), et la gestion de proximité.

Si la période est celle des déréglementations massives, il ne faut pas en inférer que l'Etat-nation d'hier, celui qui s'est construit historiquement en particulier en Europe, ait été autre chose que l'expression du *rapport des intérêts de la classe dominante avec ceux des classes dominées*. L'État est abstraction aliénante du rapport de classes. Ainsi la pseudo-égalité du marché, où le travail humain, à l'instar des marchandises, est échangé,[87] masque l'exploitation comme l'égalité abstraite et formelle de la

---

[87] Cet échange entre le propriétaire des moyens de production et le propriétaire de la force de travail est calqué sur le rapport marchand d'échange des choses, il permet l'exploitation dans les rapports de production puisqu'on confond l'échange de choses avec l'achat d'un faire pendant un temps déterminé. Toute la section du livre I du Capital qui lui est consacré est aussi une remarquable explication du caractère abstrait et aliéné des institutions et de l'État.

démocratie bourgeoise masque les déchirures de la société civile. Cette séparation entre l'État et la société civile n'est pas simple masquage, elle est la condition de possibilité de l'État et elle passe par l'atomisation de la société civile, par des individus autonomisés, les citoyens. Ce processus est nécessaire à l'apparition des rapports proprement politiques, ceux-ci supposent que les hiérarchies privées, en quelque sorte *naturelles*, fondant les communautés traditionnelles, soient atomisées. Alors que dans les sociétés esclavagistes ou féodales il y a une étroite correspondance entre la place naturelle des individus dans la production et la hiérarchie politique, là il y a autonomie par l'abstraction et l'individualisation, le peuple n'est qu'un amas d'individus à l'intérieur de frontières nationales, la nation étant *le corps politique*. Il est vrai que parallèlement les classes modernes ne sont plus des castes mais des ensembles mobiles et ouverts jusqu'à un certain point qui est justement celui de la reproduction des rapports de production. L'État revêt la forme *laïque* d'une réglementation normative abstraite des rapports entre individus-sujets engagés dans les échanges et la concurrence. L'État impose un ordre à la société civile. On voit la complexité d'une telle construction politique et la manière dont on doit articuler la lutte des classes qui part des rapports de production avec les intérêts économico-sociaux d'une classe dominante par rapport aux structures objectives et autonomes de l'État.

On ne comprendrait pas le welfare state si on avait une vision de l'État comme instrument pur et simple de la volonté d'une classe capitaliste. De ce fait, les rapports de classe, les acquis ouvriers, diminuant la concurrence du marché du travail, existent au sein de la nation, de l'Etat-nation. Le dernier avatar étant l'État-providence, d'où l'idée chère aux régulationnistes que la crise systémique serait crise du *fordisme*. Grâce à ses luttes à travers un système de protection sociale les conditions de reproduction de la force de travail avaient pu échapper partiellement à la mise en concurrence du marché du travail. C'est ce qui est remis en cause. Mais la fin d'un type d'État ne signifie pas que l'État disparaisse. Il n'est même pas sûr que dans les pays développés on assiste à la fin totale de l'État-providence, celui-ci, comme nous l'avons vu, serait en train de recomposer ses fonctions pour mieux les intégrer au marché. Une des questions essentielles de notre étude est cette interrogation sur la transformation de l'État. A tous les niveaux, nous avons constaté à quel point le marché paraissait se substituer au politique, lui imposer de plus en plus sa forme échangiste et concurrentielle. Ce processus passe, avons-nous montré, par le parachèvement de l'atomisation de la société civile. La fin de la classe ouvrière mais aussi la remise en cause des nations ne rentrent-elles pas dans ce double processus ? Mais dans le même temps ces processus ne dévoilent-ils pas les intérêts privés à l'œuvre ? Les institutions objectives *universalisantes* des nouvelles formes étatiques ne peuvent plus être conçues comme la force motrice d'une expansion universelle, d'un développement de toutes les énergies nationales. La crise du politique ne doit-elle pas être analysée à travers la perte d'autonomie du politique, dans son incapacité à maintenir la société civile et à l'organiser en vue de son fonctionnement à l'intérieur d'une nouvelle phase de l'accumulation capitaliste ? Il y aurait à la fois continuité et rupture dans les formes de régulation étatique.

Un autre acquis important des analyses de Braudel et de Wallerstein sur l'économie-monde est le constat que, dans l'histoire du capitalisme, il y a eu d'autres formes étatiques que l'Etat-nation (ils citent les réseaux politico-commerciaux de villes ou encore l'empire). Selon eux, ces formes renvoient à des classes sociales, les bourgeoisies confrontées à des luttes, liées à des secteurs différents de l'exploitation de l'économie-monde. Ainsi la bourgeoisie qui s'épanouissait dans les réseaux transnationaux de villes est en fait devenue la classe capitaliste en passant par l'État de la monarchie absolue seul capable d'affronter la colonisation mondiale. Selon eux, il y aurait eu parfois des hésitations entre les formes étatiques et, en dernière analyse, ce sont les conjonctures historiques de la lutte des classes, donc les événements, qui ont amené le choix de telle ou telle forme. Nul doute que l'implosion des États à planification bureaucratique, la montée en puissance d'un empire unipolaire soucieux de ne plus jamais laisser surgir une puissance concurrente, jouent un rôle dans l'élaboration des formes organisationnelles étatiques nouvelles. Pour le moment, celles-ci apparaissent sous une forme régionale, voire continentale : n'oublions pas, cependant, que le processus est enclenché depuis une dizaine d'années à peine. Qu'il y ait nation ou non, l'État ne disparaît pas, simplement il devient de plus en plus le bras armé de la financiarisation capitaliste, et le gestionnaire policier des contradictions sociales nées de l'hyperpolarisation. Avec un fait central, l'apparition d'un État politique qui tout en poursuivant l'individualisation, la dissolution des communautés, s'avère de plus en plus soumis aux intérêts concurrentiels de la société civile et perd donc son autonomie relative, celle sur laquelle reposait justement la démocratie instituée par la bourgeoisie.

Alors que la dynamique du capital part du centre, de là où s'exercent d'abord la suraccumulation-dévalorisation autant que les effets contradictoires de la révolution informationnelle. Ainsi, pour analyser les transformations de la classe capitaliste, il faut partir de cette dynamique centrale ayant trait aussi bien au marché qu'aux formes organisationnelles économiques ou politiques. Qu'en est-il d'une recomposition des mouvements sociaux ? Pour analyser le salariat, il faut confronter cette dynamique du capital à celle de l'immobilité du ou des marchés du travail dans les périphéries. La recomposition du salariat en classe sociale ne peut-elle s'opérer objectivement à partir de la dynamique centrale du capital et à partir des conditions de la mise en concurrence, c'est-à-dire à partir de là où elle s'exerce avec le plus d'ampleur ?

La remise en cause des États-nations va bien au-delà des anciennes zones des pays socialistes : il y a un double mouvement général dans lequel l'Etat-nation paraît perdre son aspect dominant, d'un côté la fragmentation et de l'autre l'homogénéisation (ou mondialisation.). Les anciens États-nations sont de plus en plus intégrés à des entités à vocation d'abord économique, celle des marchés comme l'Europe ou l'ALENA : la règle du jeu de telles entités a été définie par l'AMI. Pourtant il faut contradictoirement affirmer que la domination du centre sur la périphérie est soutenue par les politiques étatiques. Ces politiques sont essentielles à la maîtrise des puissances dominantes sur les trois marchés, du capital (financiers, sciences et techniques), des marchandises et le marché du travail. Pour que s'exerce pleinement la montée des marchés financiers en quasi-rupture avec les investissements productifs, il faut que partout le crédit bancaire soit soumis aux impulsions des réseaux financiers. Ce qui reste, ne serait-ce qu'au travers des phénomènes de change, est pour une part importante du ressort des États nationaux ou supranationaux.

Comment peuvent se développer les formes organisationnelles de classe pour dépasser la mise en concurrence du marché du travail ? C'est dans le contexte d'un espace continental supranational, mais étatique, qu'il faut aussi étudier les difficultés organisationnelles des salariés. Tels qu'ils se sont mis en place, des espaces continentaux comme l'Europe, ou l'ALENA, sont des espaces conçus pour gérer les conflits concurrentiels intercapitalistes et la montée des conflits locaux liés à la polarisation.

L'impérialisme actuel, tel que nous avons tenté de le décrire, paraît prendre appui sur la conquête des marchés par les firmes transnationales géantes appuyées par leurs États. Un rapport conflictuel entre les États est rendu impossible par l'écrasante supériorité militaire nord-américaine. Ainsi l'impérialisme se fonde sur un consensus autour de l'hégémonie des États-Unis et la nécessité d'installer ensemble l'économie du capital sur le monde. D'où une certaine vision actuelle en termes de la fin de l'histoire, conçue comme l'histoire des guerres entre grands États. Dans une telle conception, la multiplication des conflits locaux relèverait non de l'histoire mais du chaos. Cette nouvelle conception du monde, divisé entre centre où régneraient l'entente commerciale et la démocratie, et zone de barbarie et de chaos, n'est pas étrangère à la topique de l'exclusion. Est-ce un hasard si la problématique essentielle pour désigner les lieux d'exclusion fait la part belle à l'idéologie sécuritaire ?

En France, dans ce contexte de mondialisation, la décentralisation est en chantier. L'observation d'une Commission Locale d'Insertion nous a permis d'étudier la logique de proximité du traitement social de la pauvreté. Il s'agit officiellement de rapprocher l'intervention publique des besoins des populations, de la débureaucratiser. En fait, le rapprochement vise à limiter la dangerosité sociale des choix politiques en faveur de la croissance financière et de la flexibilité. Sous sa forme répressive ou sous sa forme philanthropique, l'îlotage est une garantie d'efficacité.

Le traitement social de la pauvreté utilise la captivité du pauvre, sa difficulté à percevoir les aspects politiques de sa situation, tant l'impitoyable concurrence qu'il subit l'isole à l'intérieur de sa famille et en tant qu'individu. Le dispositif de traitement social de la pauvreté joue à plein sur cet isolement. Or, même si dès la loi Le Chapelier[88], le collectif ouvrier est dénoncé comme liberticide par une bourgeoisie française pourtant en pleine tourmente révolutionnaire, il est impossible de nier que tous les acquis ouvriers soient passés par des formes collectives syndicales ou politiques, par des mouvements massifs, par des grèves. Quand il s'agit d'institutions chargées du traitement de la pauvreté, on s'aperçoit que les chômeurs n'ont pas le droit à la parole, ils ont des intercesseurs. Le statut du chômeur est parcellisé à l'extrême et le RMI participe de cet émiettement. Cela ne signifie pas que nous considérions qu'il faut supprimer le RMI, des centaines de milliers de personnes en dépendent dans leur survie immédiate, mais nous souhaitons bien voir et donner à voir à quel point il ne représente en aucun cas une solution qui s'attaque à la profondeur de la crise.

---

[88] La loi organique du 14 juin 1791, toute concertation entre les travailleurs pour la défense de leurs intérêts communs fut dénoncée comme attentat « contre la liberté et la déclaration des droits de l'homme », punissable d'une amende de 500 livres jointe à la privation pendant un an des droits de citoyen actif.

Conclusion

Pour analyser l'extension du paupérisme correspondant à une nouvelle phase d'accumulation nous avons tenté de construire une problématique et une méthode d'analyse :

Il s'agissait en préalable de remettre en question la notion idéologique d'*exclusion*. Non seulement parce que ce terme a une origine inadéquate avec le phénomène qu'il prétend désigner mais parce qu'il décrit la société comme ayant un dehors et un dedans. S'il est vrai qu'il y a une perte de la centralité ouvrière en tant que classe capable de rassembler les autres salariés, la catégorie que l'on range sous la bannière de l'*exclusion* et qui reste largement marquée par la prolétarisation, n'est pas hors de cette société. Cette affirmation fonde notre étude.

Au cœur de notre réflexion et de notre livre, il y a également l'affirmation de l'existence d'une crise. Elle n'est pas, avons-nous dit, une banale dépression économique mais bien une crise systémique.

Il faut revenir à l'étymologie du terme, au grec, c'est-à-dire *krisis*, *décision* ou *phase aiguë d'une maladie*, celle d'un moment décisif. Quelque chose doit se décider parce que le moment est risqué, cela ne veut pas dire qu'il existe les forces aptes à prendre la décision.

Face à cette crise, il existe actuellement une idéologie dominante. Il y a eu le *socialisme utopique*, il y a aujourd'hui le *libéralisme utopique*, même militantisme autour non de faits réels mais d'un univers rêvé. Comment peut-on désigner autrement la pensée d'un von Hayeck et de ses disciples mineurs ? On sait l'importance attachée dès le départ par von Hayeck aux idées et aux intellectuels qui les diffusent. A travers les clubs, les fondations, la conquête des milieux universitaires, il s'agit de créer les conditions intellectuelles pour qu'une *idée* devienne une *force politique* et entraîne un changement révolutionnaire du paradigme économique sur lequel repose la décision politique. Si les *think tanks*, les réseaux d'influence néolibéraux, ont connu un tel succès, c'est parce qu'ils ont très tôt reçu le soutien matériel et financier des milieux d'affaires, des forces conservatrices. Leur succès a dépendu d'une conjoncture : une période de crise des paradigmes habituels de gestion, d'incertitude quant aux solutions à adopter et une révolution conservatrice, néo-libérale, proposée par les *utopistes* néolibéraux. Car si la crise part d'une dépression économique (une combinaison originale de récession et d'inflation à laquelle l'interventionnisme étatique keynésien ne peut plus faire face), elle a une ampleur sociétale dès la fin des années 60 et le début des années 70. La victoire du néo-libéralisme ne peut s'expliquer sans référence à cette crise et à la manière dont cette idéologie propose un changement révolutionnaire des paradigmes de la gestion économique et, au-delà, de la vision globale de la société. Il s'agit d'une réponse utopique en faveur des forces conservatrices, comme a pu l'être le fascisme en son temps, pourtant le néolibéralisme nie la crise dont il est issu.

Ainsi nous serions dans la rationalité rêvée, celle du marché. A propos de l'*exclusion*, on nous dit : certes il y a beaucoup de pauvres, il y en aura peut-être de plus en plus et non seulement dans les pays du tiers-monde mais dans les pays riches. *C'est le prix à payer !* pour que le miracle du marché et de la concurrence remette chacun à sa place. Le libéralisme de gauche, celui qui ne conteste pas la toute-puissance du marché mais s'effraye parfois de ses conséquences sociales, ajoute : *oui ! Il y a beaucoup de pauvres ! beaucoup trop ! c'est la loi du marché et on ne peut pas s'y opposer ! Alors on va leur donner quelque chose pour les aider à survivre ! Rassurez-vous nous prendrons des mesures pour contenir leur dangerosité ! Ils auront le RMI. Et il y a la police, l'îlotage, le contrôle social de la cité à l'école, pour empêcher la violence. On ramènera les immigrés clandestins chez eux. On ne peut pas accueillir toute la misère du monde.*

Dans un tel contexte, le champ du politique est tout entier travaillé par la recherche du consensus. Alors que s'il y a crise, quelque chose doit se décider de l'ordre d'un changement de formes et de constitution, ce qui ne se fera pas sans intervention humaine. En ce sens l'utopie néo-libérale joue un rôle essentiel, elle présente un changement rêvé pour que le monde reste identique à lui-même, une sorte d'opium du peuple. Cette idéologie a pour seul vecteur l'obtention du consensus par l'occultation de ce qui fonde la rationalité politique, la praxis, l'expression du désir de vivre. La crise du politique et plus largement de tous les modes de régulation marque bien que nous sommes passés d'une crise économique, une dépression, à une crise systémique, sociétale. Une amorce de débat a eu lieu sur *la fin de l'histoire*. L'Histoire, certes, ne réalise pas de destin transcendant à elle-même, mais doit-on en déduire pour autant qu'il n'y a plus d'Histoire ? Il semble qu'il y ait là une confusion entre la situation présente et le fait que ce sont les hommes, dans leur désir de vivre, dans leur volonté de vivre mieux, qui sont à la base de toute rationalité réelle.

Si quelque chose doit se décider, cela ne veut pas dire que la relève, celle apte à prendre la décision, soit là. La mondialisation est bien réelle et avec elle, le fait que plus d'humains qu'il n'y en a eu depuis l'aube de l'humanité ont à faire face à ce moment décisif, alors même que des situations de plus en plus extrêmes nous éloignent les uns des autres. La bourgeoisie parachève son programme : dissoudre tous les liens communautaires anciens et dans le même temps quantifier l'humain, transformer l'homme en marchandise. La défaite de la communauté ouvrière, de cette classe, à laquelle tout le vingtième siècle a attribué un rôle central dans la recherche d'une nouvelle rationalité, signifie-t-elle que le programme se réalise jusqu'au bout ? Jusqu'à rendre impossible toute transformation ? S'agit-il d'une défaite temporaire ou définitive ? Il est impossible aujourd'hui de répondre à cette question mais le terme d'*exclusion* désigne cette défaite.

L'idéologie qui prétend masquer l'existence de la crise centre tout sur le consensus. C'est vrai pour l'*exclusion* et nous avons vu tout au long de ce livre comment était organisé ce consensus, y compris par la gestion de proximité. Cette nouvelle phase de paupérisme, à l'échelle de la planète, est intégrée dans la rationalité du marché et elle est en dernier ressort justifiée par la toute puissance militaire des États-Unis.

Mais la crise n'est-elle pas le mode d'évolution normal des sociétés humaines ? Or cette crise est niée parce que personne, aucune force sociale ne la nomme. Toutes les crises sociales ont été assumées en termes contradictoires : réaction, révolution, fasciste, communiste ou pour reprendre *le Manifeste*, esclaves et maîtres, bourgeois et prolétaires. La fin de l'espérance en la classe ouvrière nous laisse temporairement sans possibilité de penser la négation, donc la transformation. Le couple État et Révolution est lui-même perverti dans un temps où la déréglementation libérale rend l'État toujours plus répressif et plus nécessaire mais paraît le détruire comme le rêvaient les marxistes et comme les sociétés socialistes écroulées n'ont jamais réussi à l'accomplir.

Nous sommes incapables de penser la négativité de la période, de ce fait elle nous apparaît sans fin et donc sans issue... Nous confondons rationalité et procédures, comme en témoigne la conception amputée de la démocratie que l'Occident prétend imposer au reste de la planète. La nouvelle rationalité ne peut naître que de la volonté de vivre des hommes et des femmes. Or la crise du politique est bien crise de l'expression de ce désir de vivre.

649574 - Avril 2016
Achevé d'imprimer par